Das Förderheft 2
Mathematik

Nina Simon und Hendrik Simon

Name: ____________________

Klasse: __________

Bestell-Nr. 2502-45 · ISBN 978-3-619-25245-9

www.mildenberger-verlag.de
E-Mail: info@mildenberger-verlag.de
überarbeitete Auflage (Umstellung auf DIN A4) 10 9 8 7
Jahr 2025 2024 2023 2022

Redaktion: Katja Weber
Illustrationen: tiff.any GmbH, Berlin
Layoutkonzeption: tiff.any GmbH, Berlin
Gestaltung und Satz: tiff.any GmbH, Berlin
Druck: Kern GmbH, 66450 Bexbach

Mildenberger

1

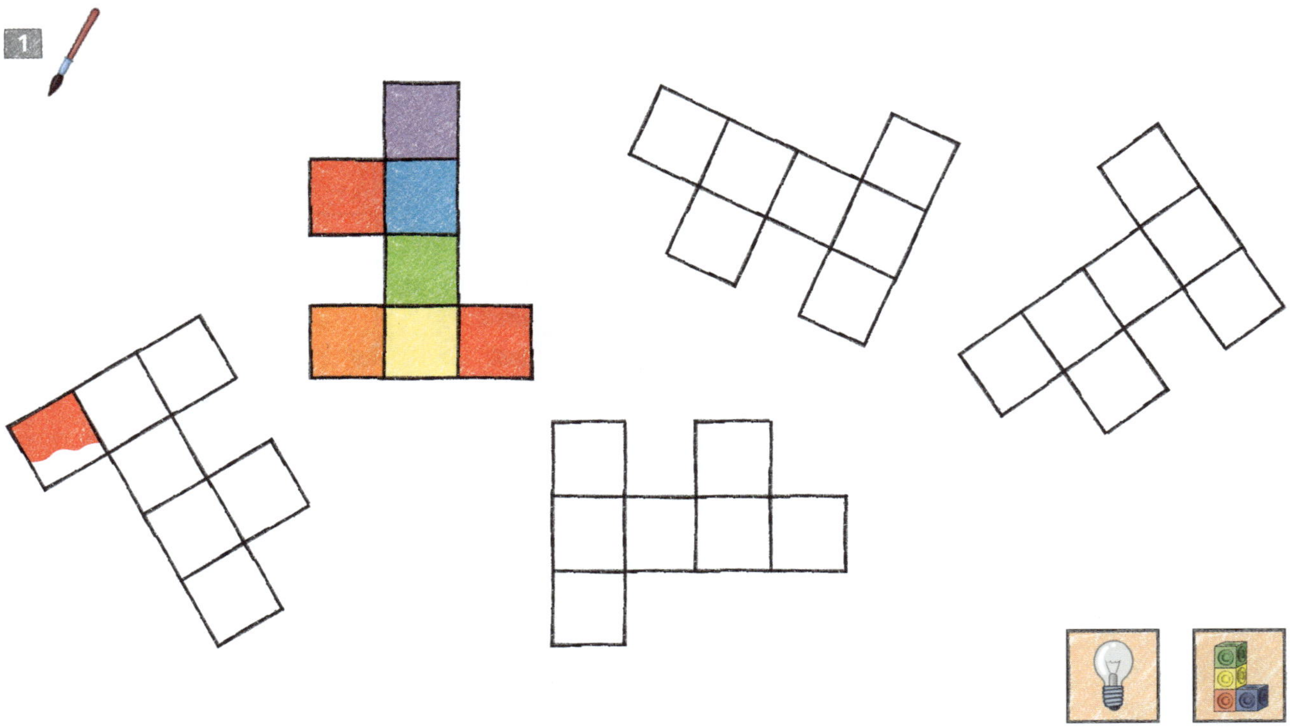

2

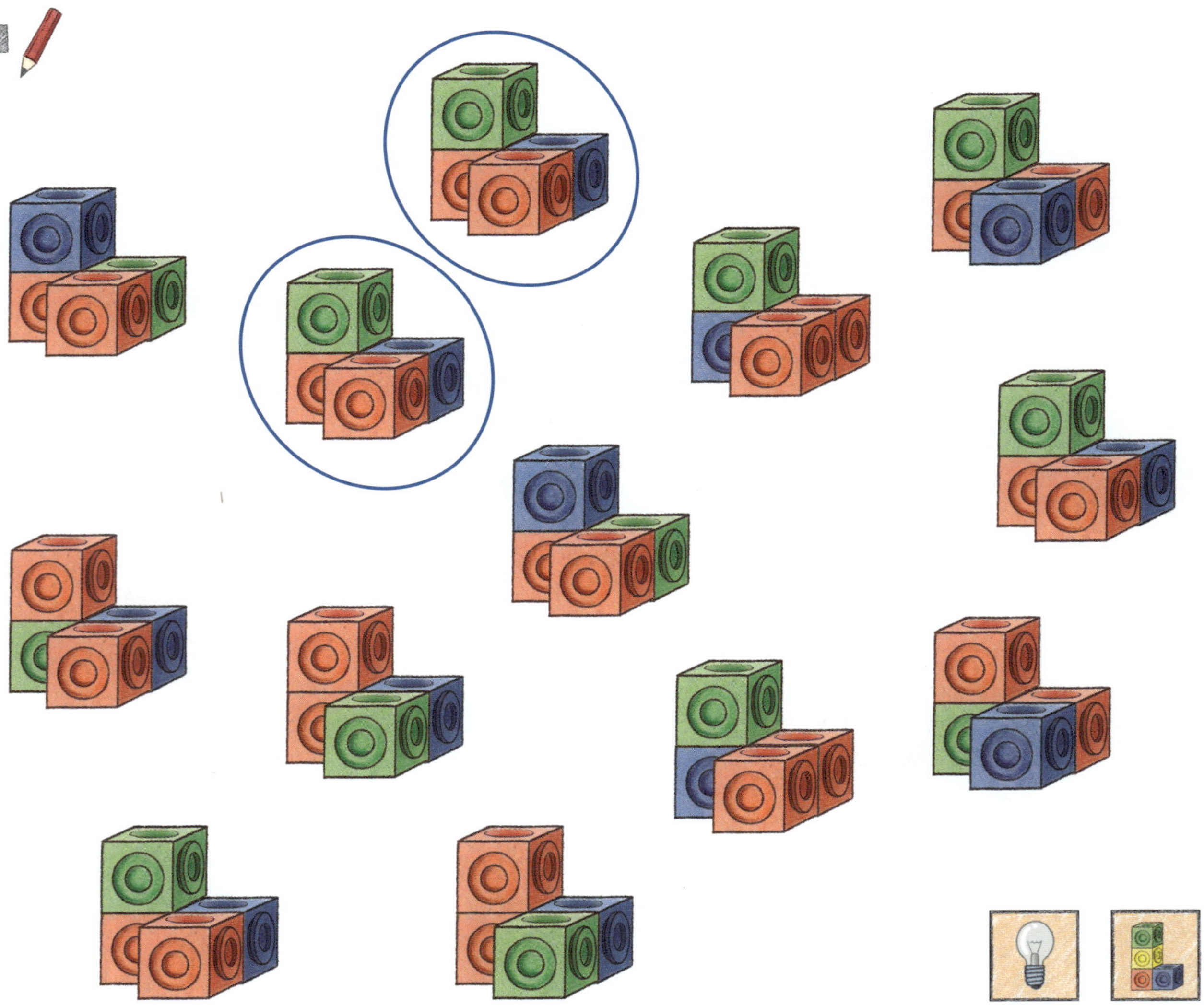

1 Figuren entsprechend der Vorgabe anmalen 2 Gleiche Figuren einkreisen
Zur Überprüfung der Lösung Figuren mit Steckwürfeln nachbauen

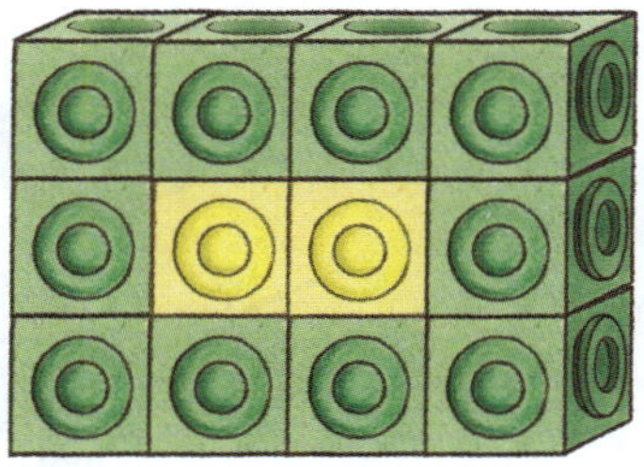

 = 2

 =

 =

 =

Anzahl der gelben Steckwürfel bestimmen und eintragen

Zur Überprüfung der Lösung Figuren mit Steckwürfeln nachbauen

1, 2, 3

3 = 3

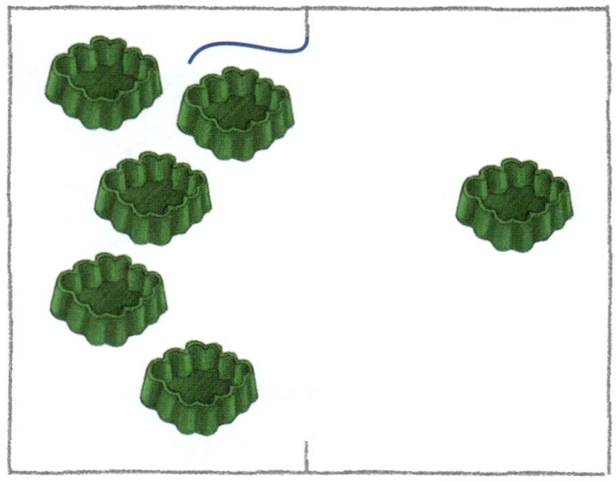

=

=

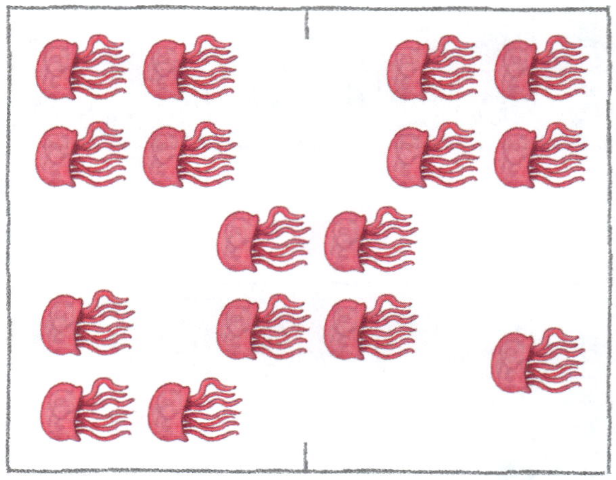

=

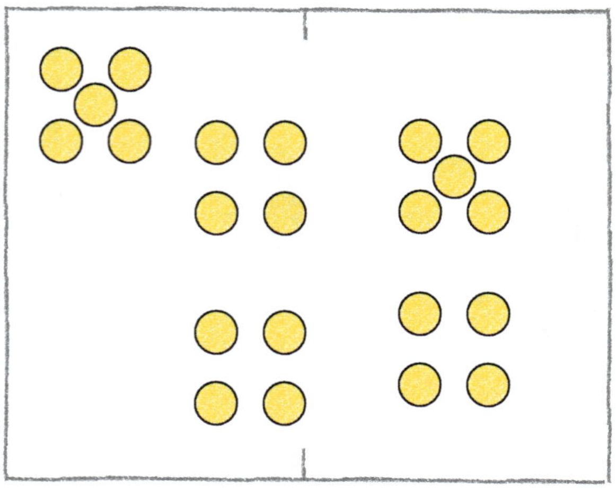

=

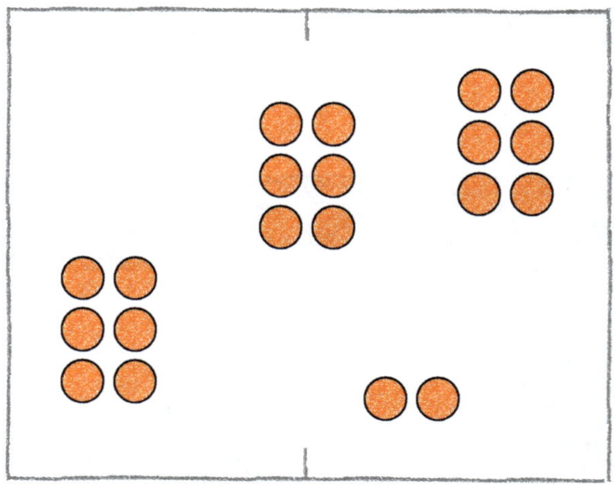

=

Feld mit einer Linie so teilen, dass die Anzahl rechts und links gleich ist und Lösung eintragen

–	2	–	–

Figuren mit geometrischen Formen (Beilage 1) auslegen und Lösungen in Tabelle eintragen

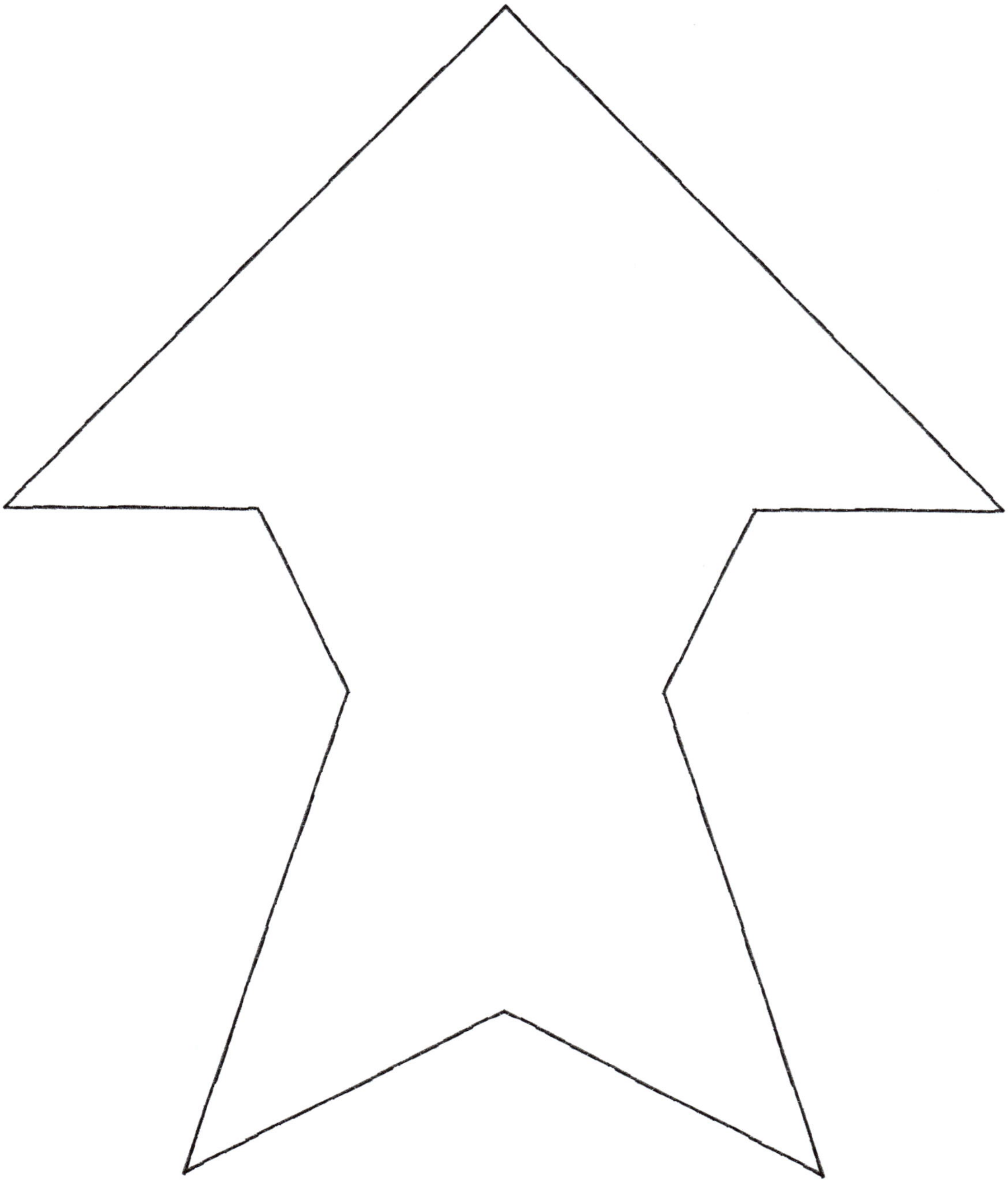

Figur mit geometrischen Formen (Beilage 1) auslegen und Lösung einzeichnen

1, 2, 3

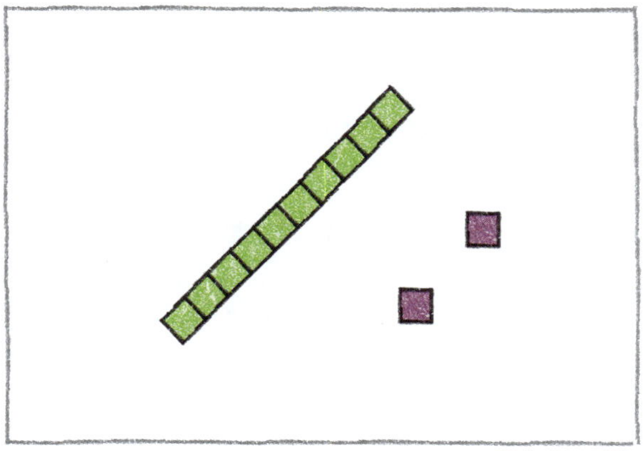

12

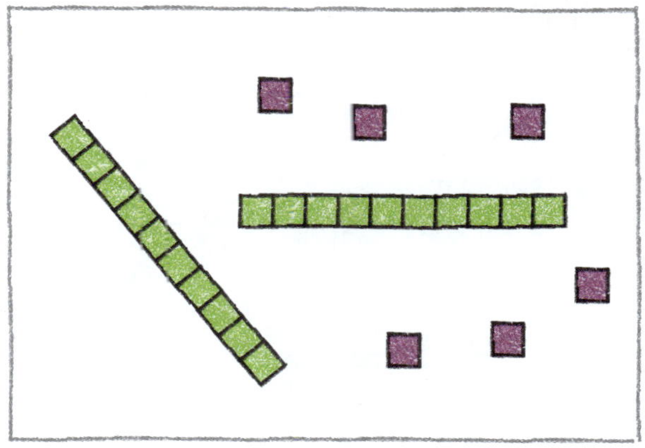

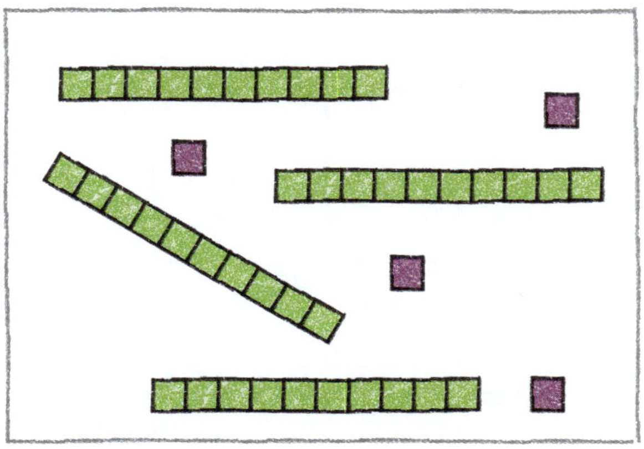

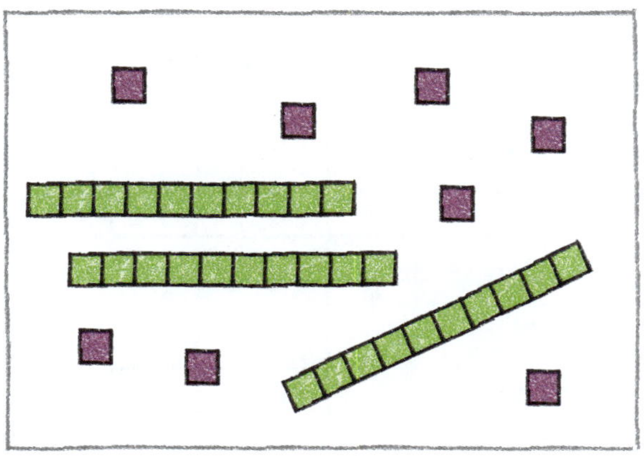

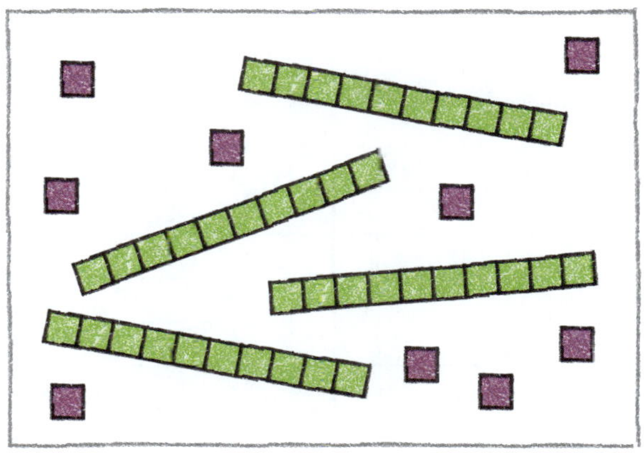

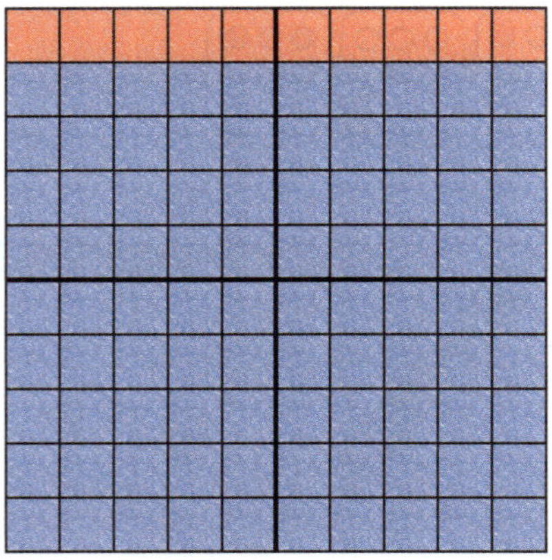

■ = 10 ■ =

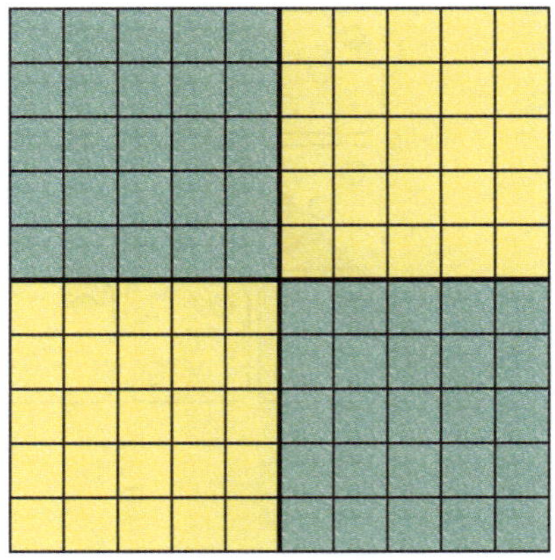

■ = ■ =

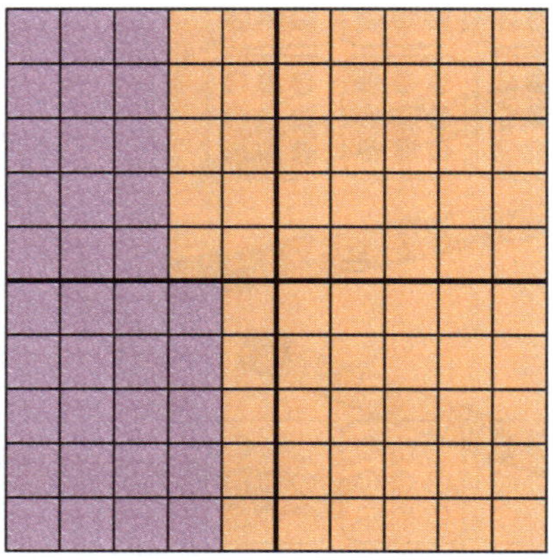

■ = ■ =

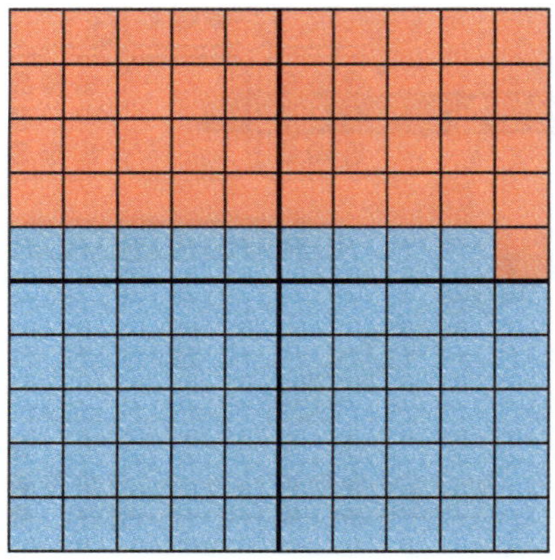

■ = ■ =

■ = ■ =

■ = ■ =

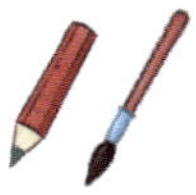

Wie viele?	Wovon?	Insgesamt 
2	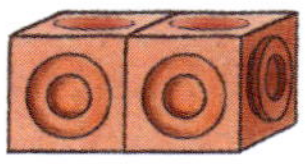	4
3		
5		
2		6
7		14
		24

Tabelle vervollständigen (Multiplikator ermitteln, Würfelgebäude zeichnen, Gesamtanzahl der Würfel berechnen)  Zur Überprüfung der Lösung Figuren mit Steckwürfeln nachbauen

1, 2, 3

$2 \cdot 3 = 6$

$3 \cdot 2 =$ ____

$3 \cdot 5 =$ ____

$1 \cdot 8 =$ ____

$5 \cdot 4 =$ ____

$2 \cdot 6 =$ ____

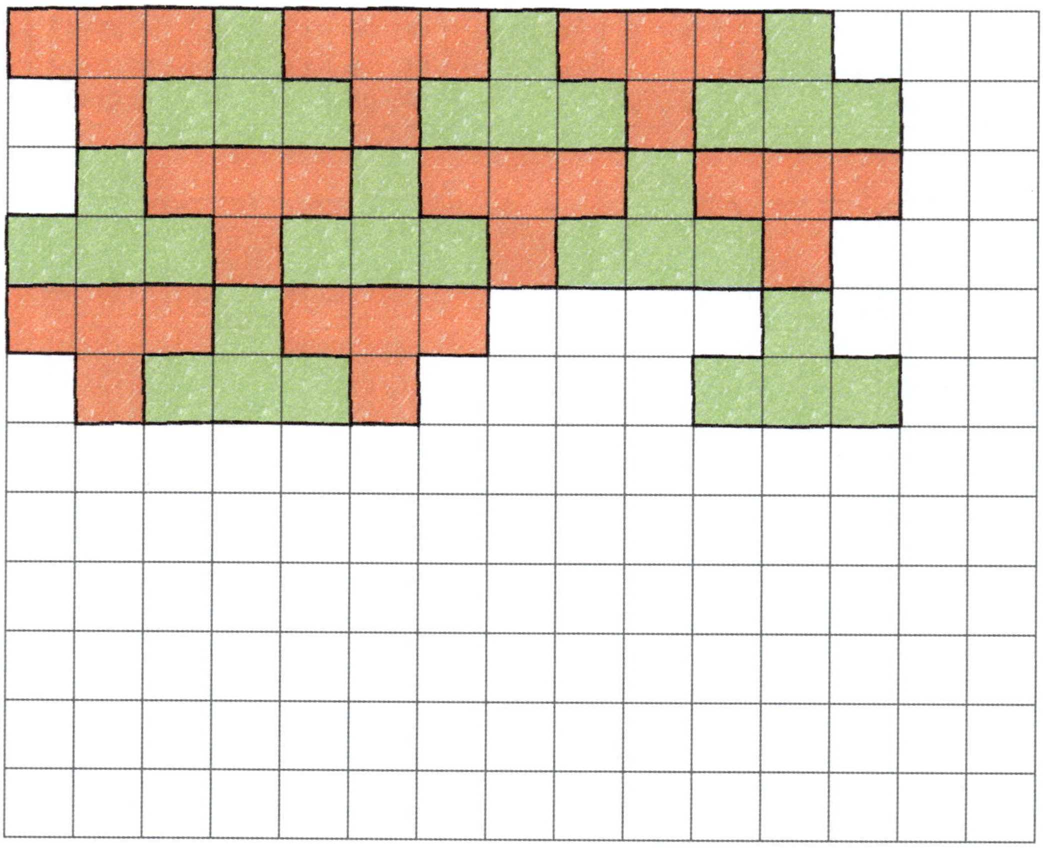

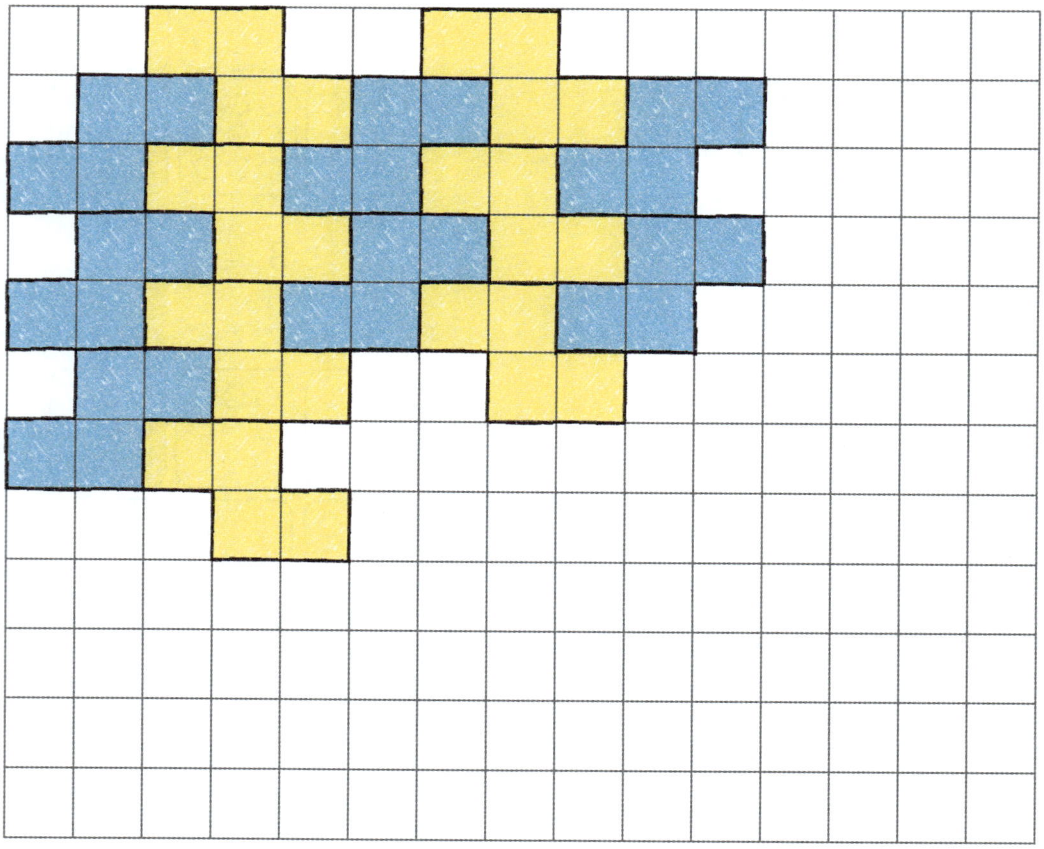

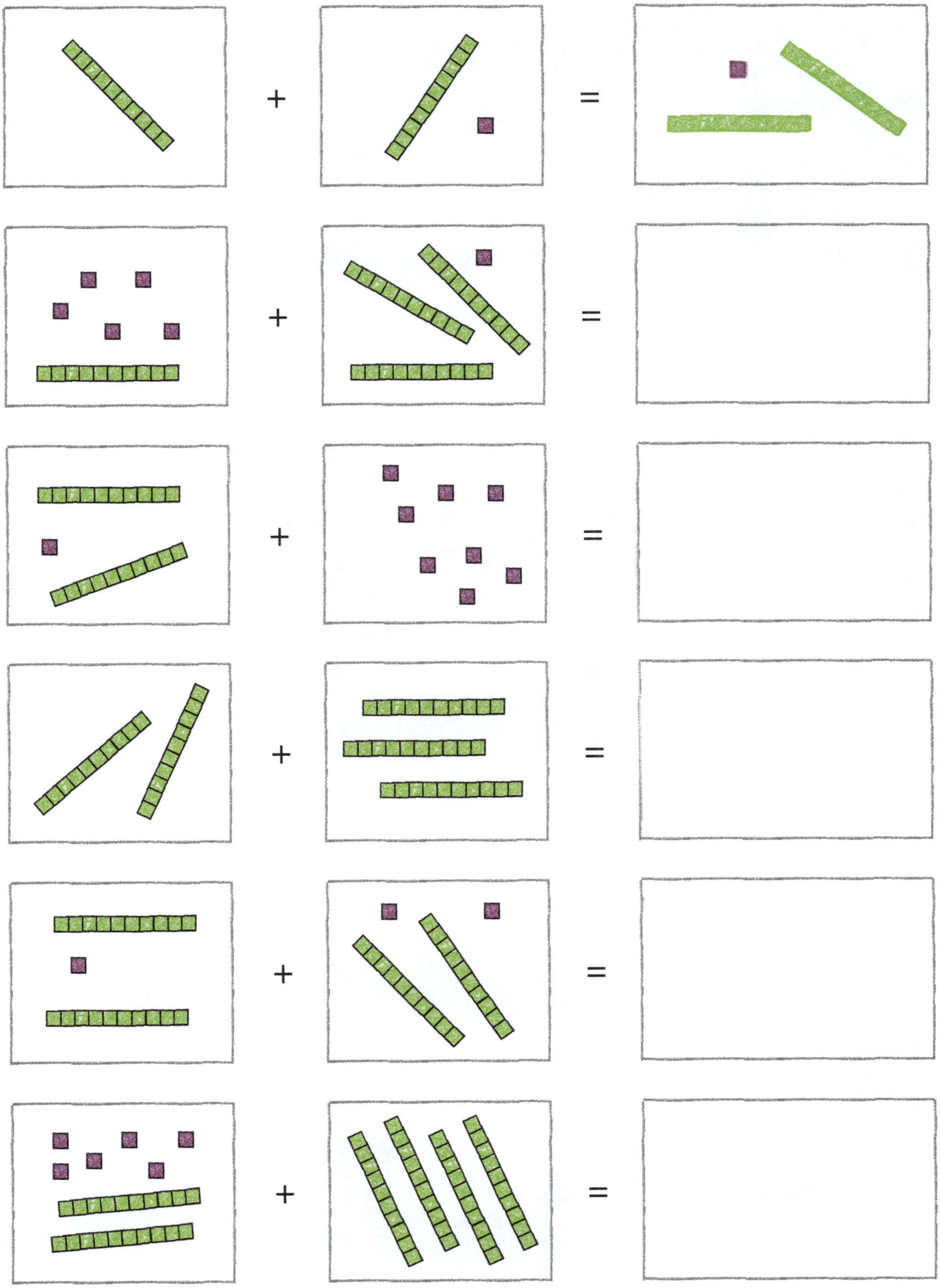

Aufgaben mit Material (Beilage 2) rechnen und Lösung einzeichnen

Anzahl der gelben Steckwürfel bestimmen und eintragen
Zur Überprüfung der Lösung Figuren mit Steckwürfeln nachbauen

1, 2, 3

3

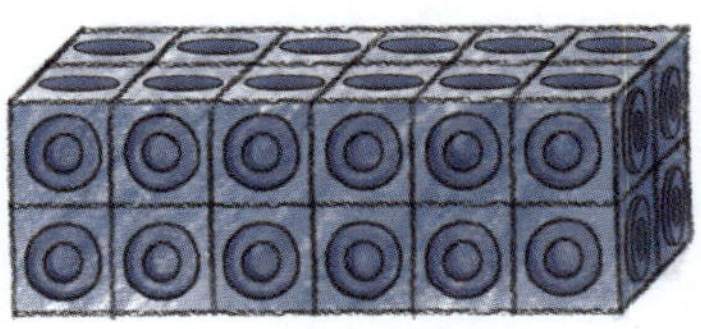

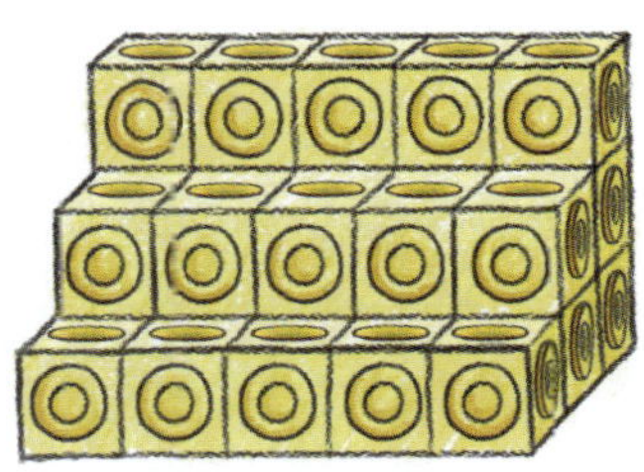

Anzahl der Steckwürfel ermitteln und eintragen

Zur Überprüfung der Lösung Figuren mit Steckwürfeln nachbauen

1, 2, 3

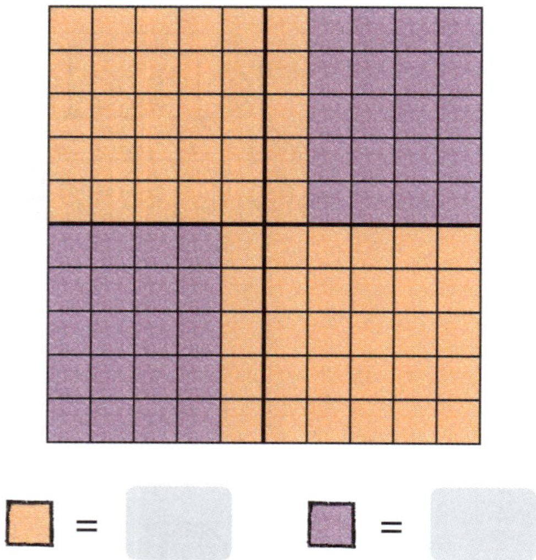

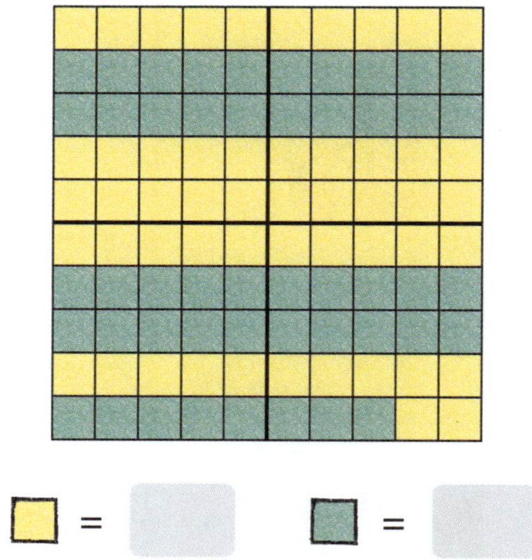

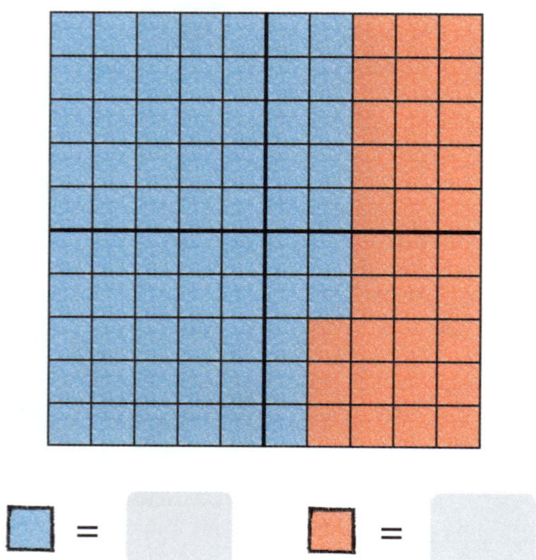

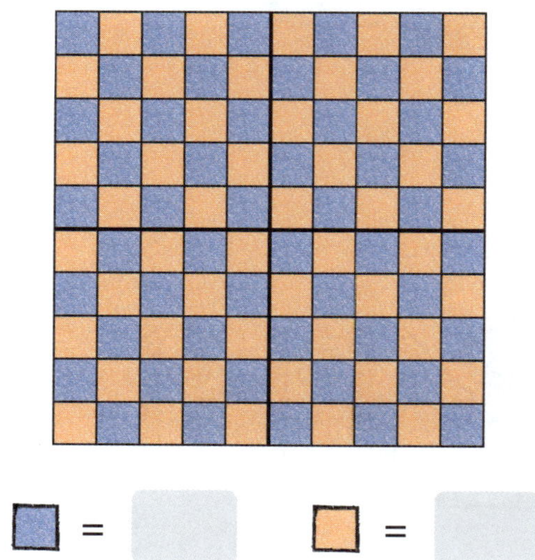

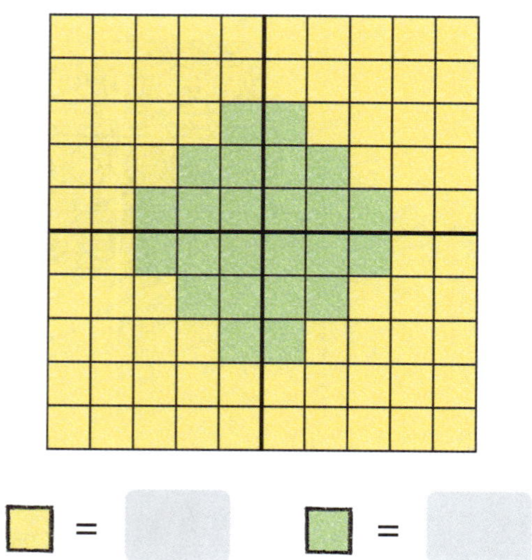

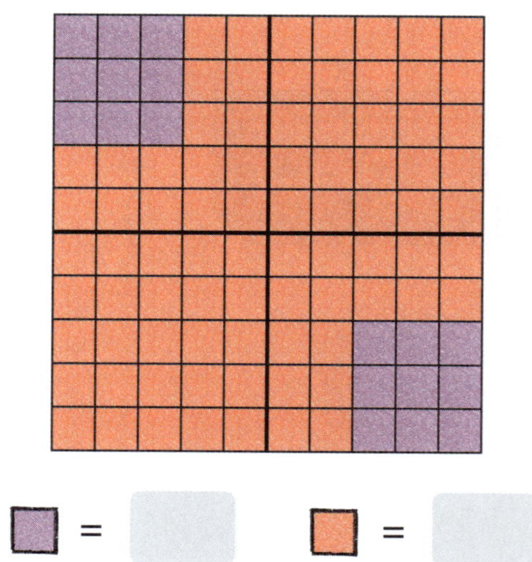

Anzahl der farbigen Kästchen bestimmen und eintragen
Wichtig: Strategien von Kindern selbst entwickeln lassen (keine Zählstrategien vorgeben)

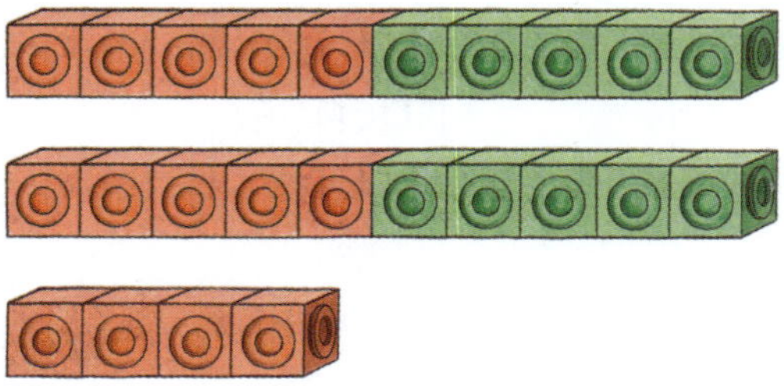

24

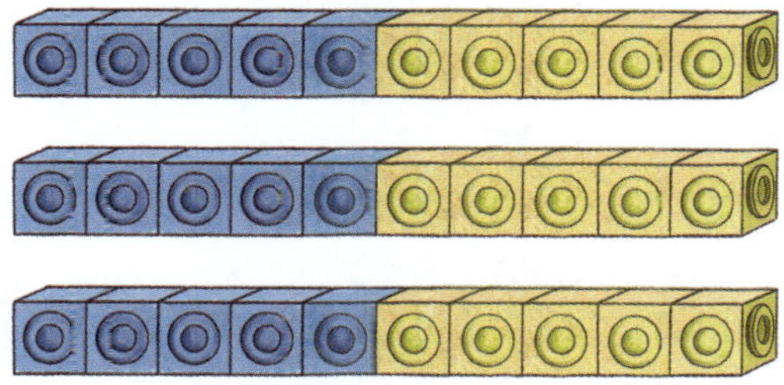

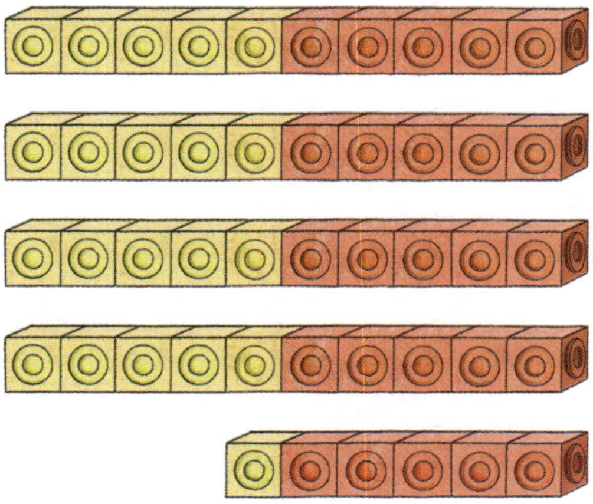

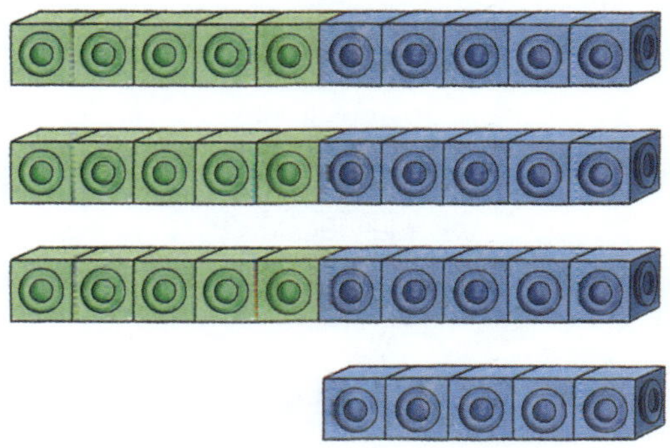

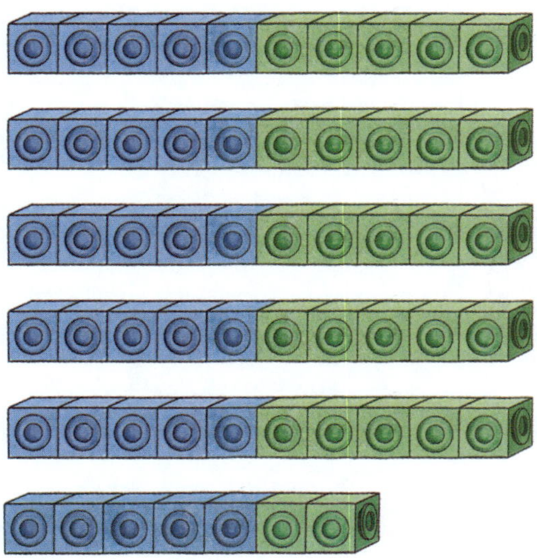

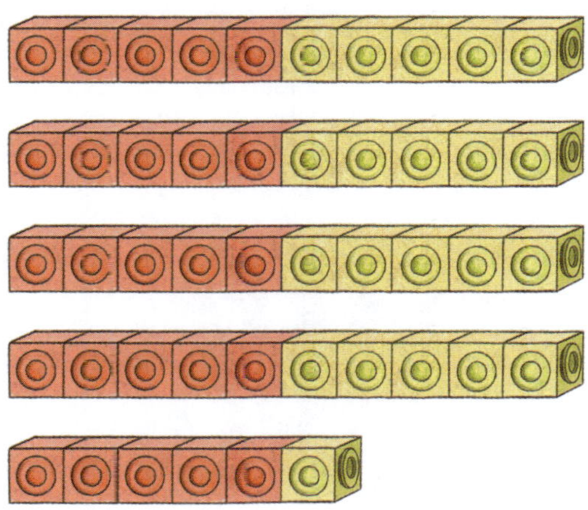

vorher	Was passiert?	nachher

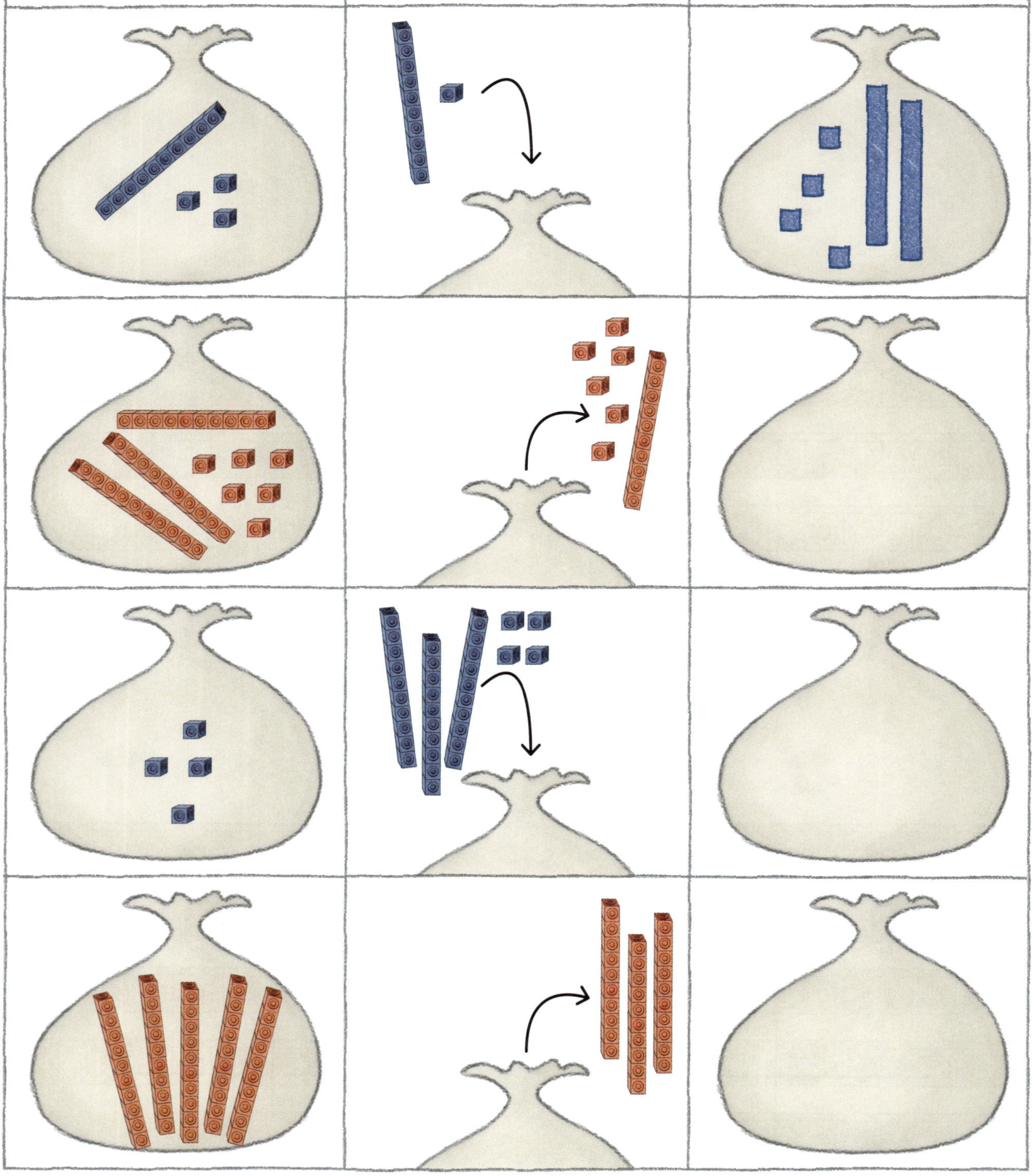

Ergebnis der Handlung einzeichnen

Zur Überprüfung der Lösung die Handlung mit Steckwürfeln nachvollziehen

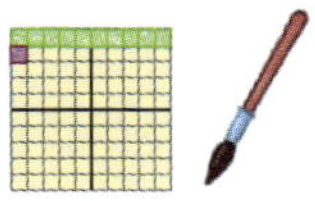

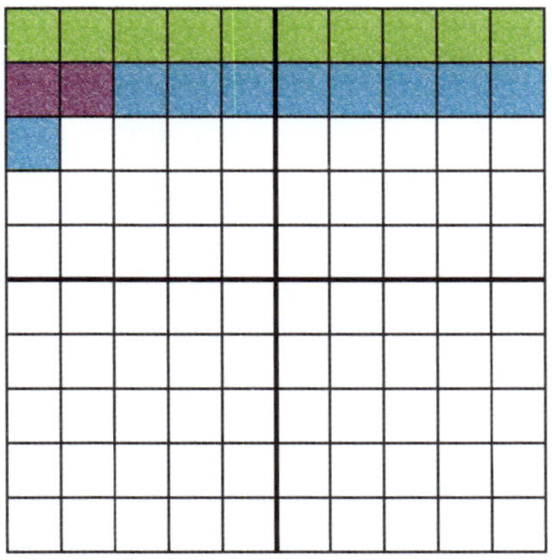

12 + 9 = 21

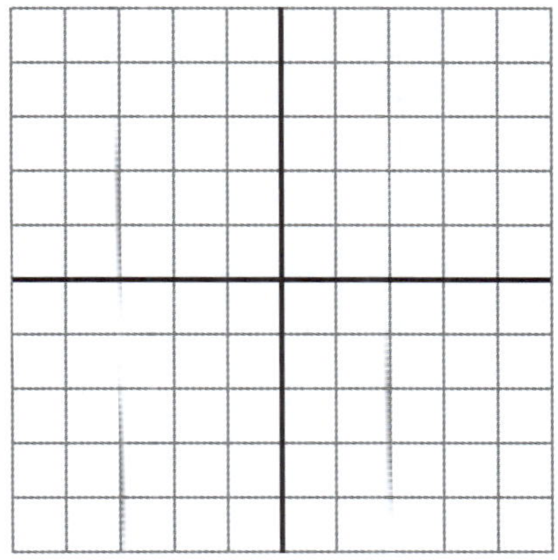

25 + 4 =

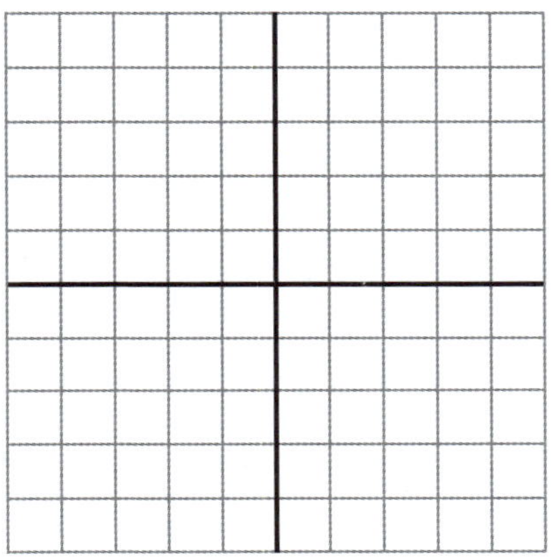

36 + 8 =

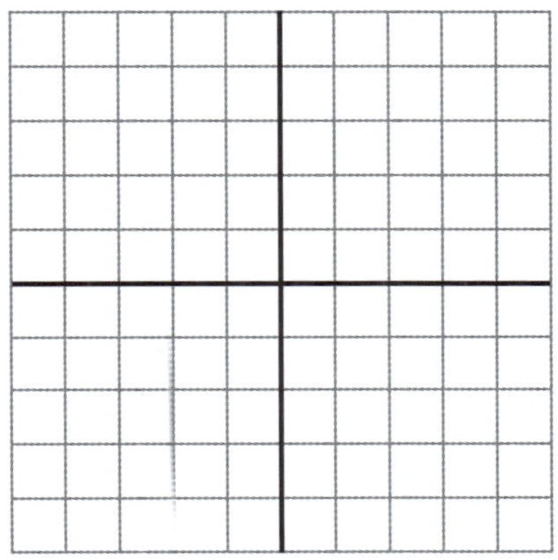

28 + 7 =

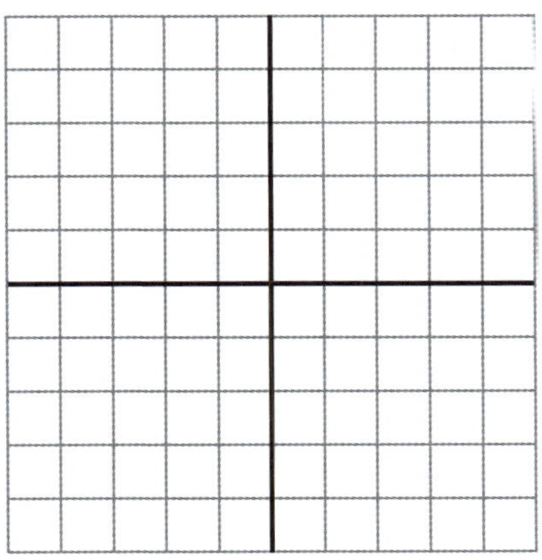

67 + 5 =

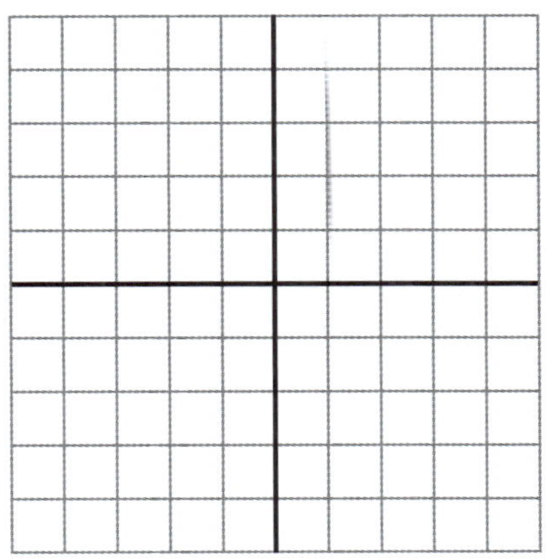

56 + 9 =

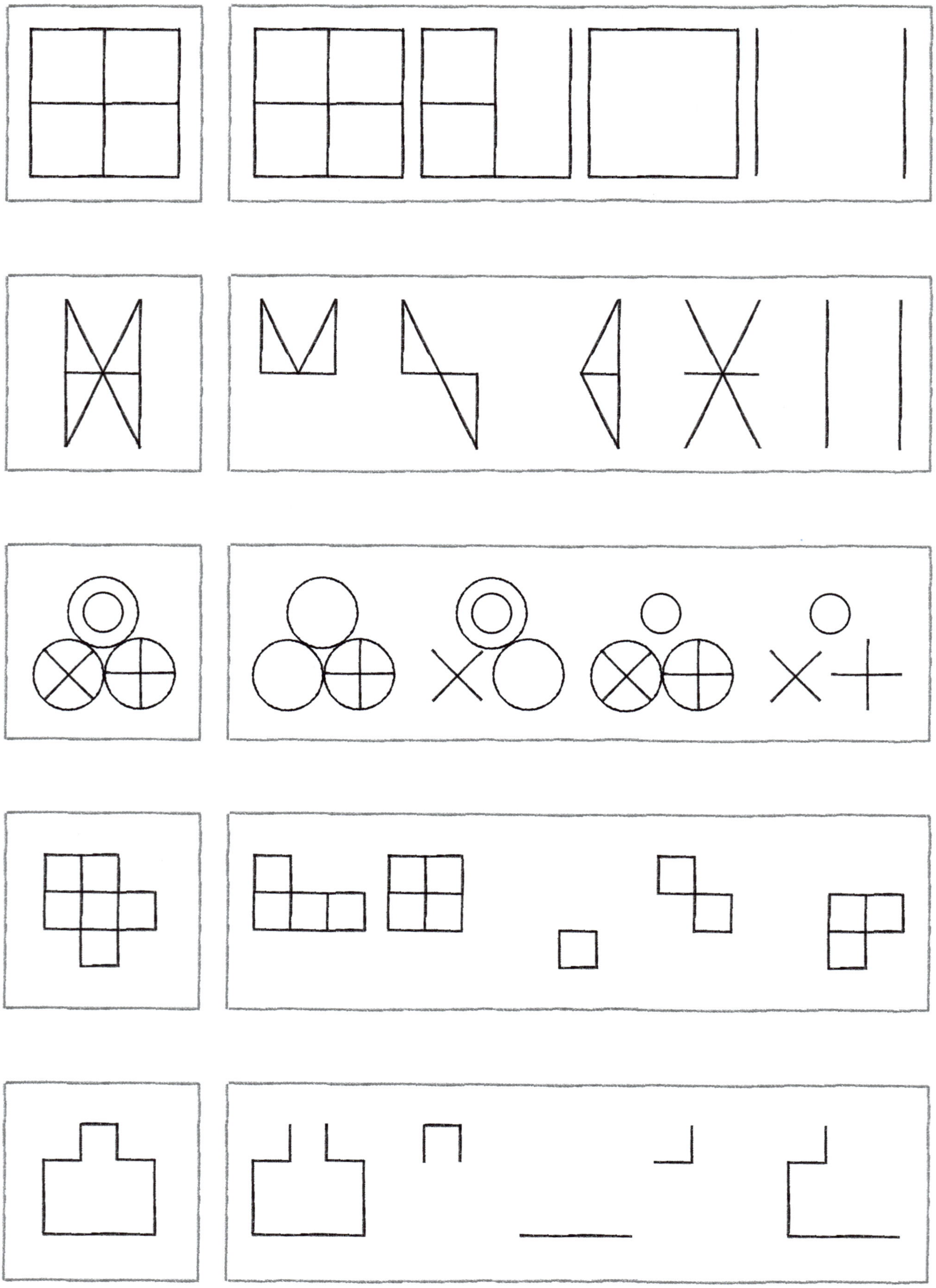

1, 2, 3

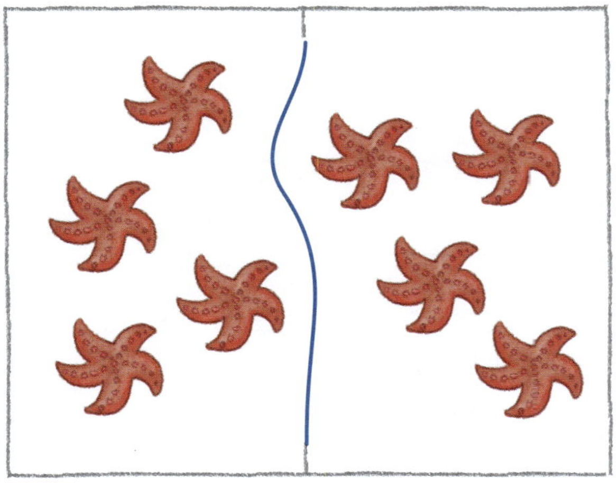

4 = 4

=

=

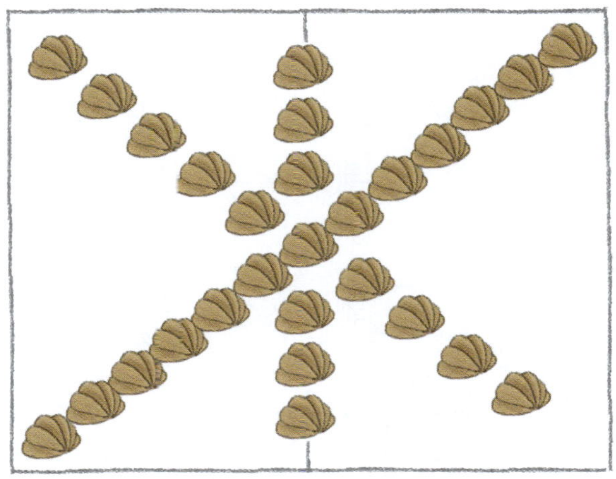

=

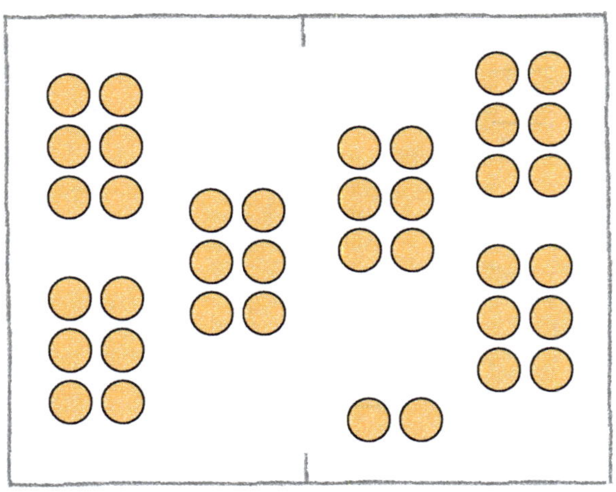

=

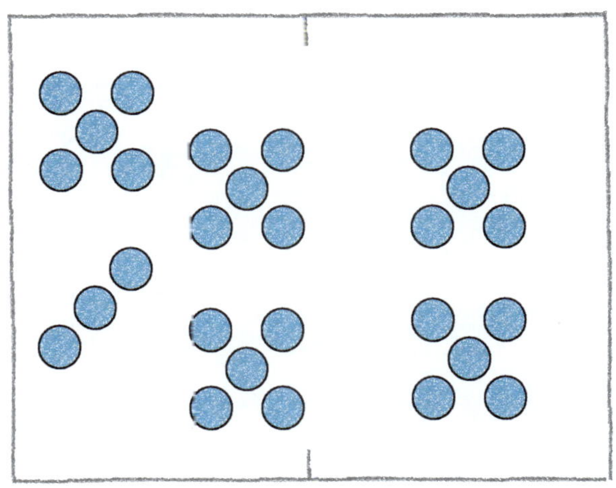

=

Feld mit einer Linie so teilen, dass die Anzahl rechts und links gleich ist und Lösung eintragen

6

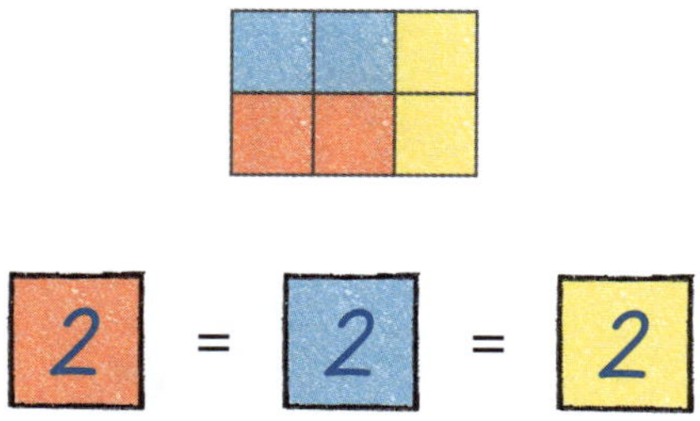

16

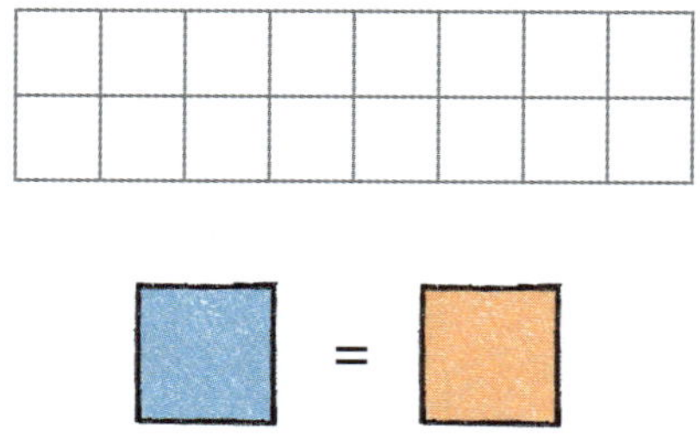

12

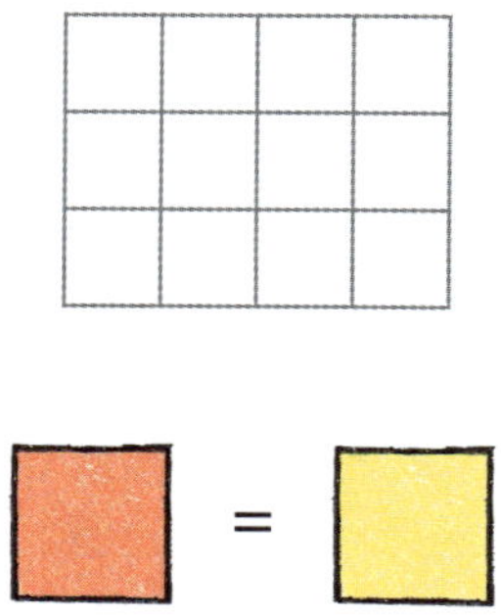

12

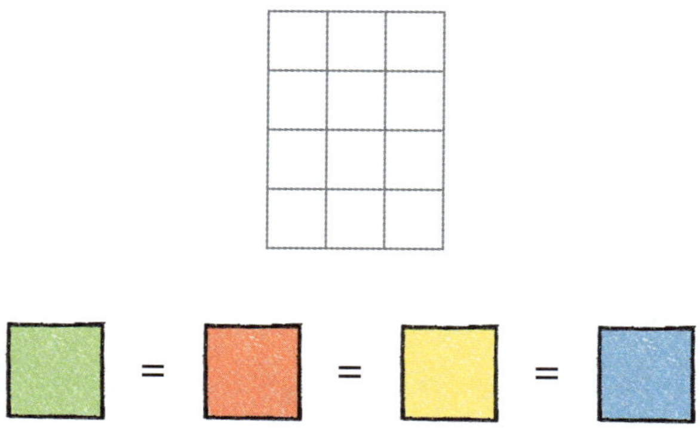

24

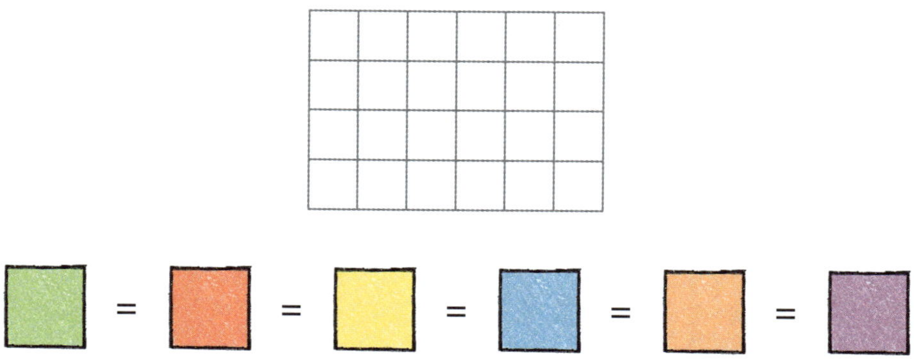

Felder in gleich große Teile unterteilen, farblich markieren und Lösung eintragen

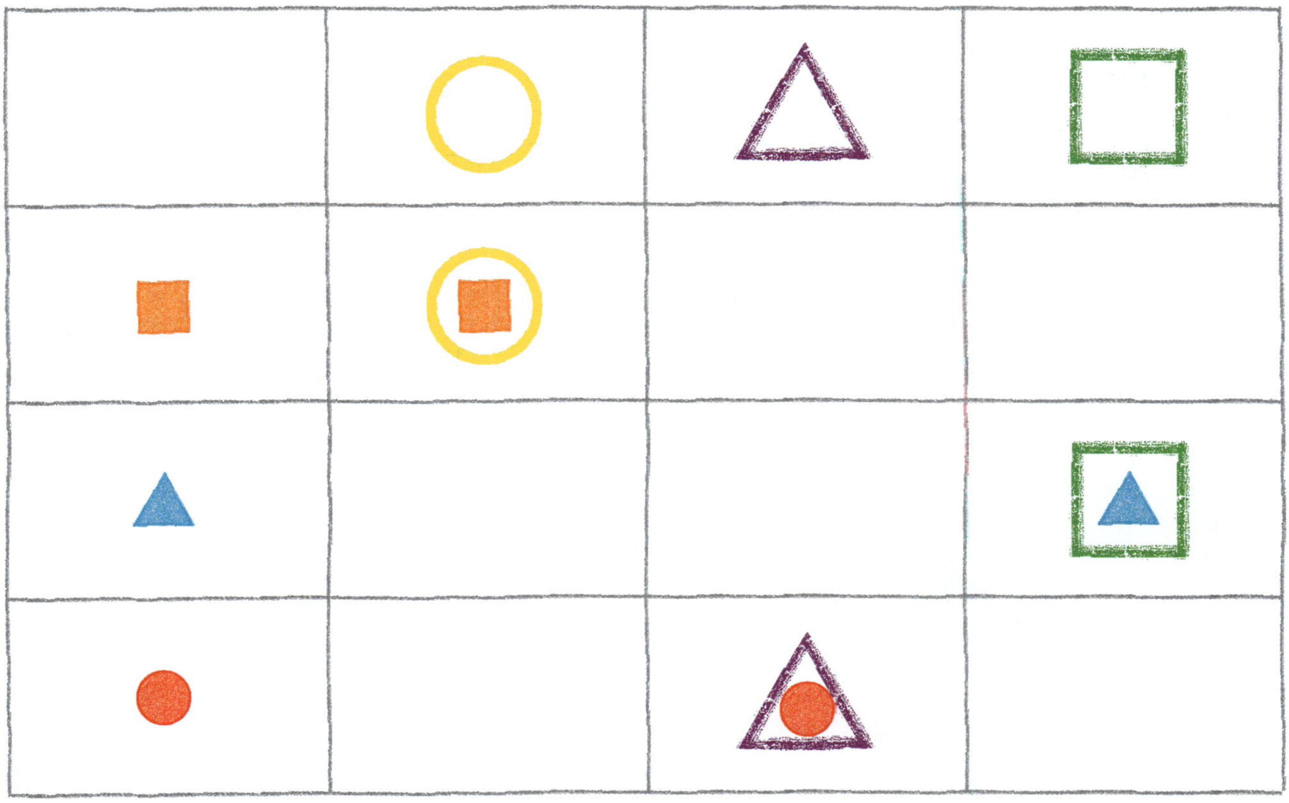

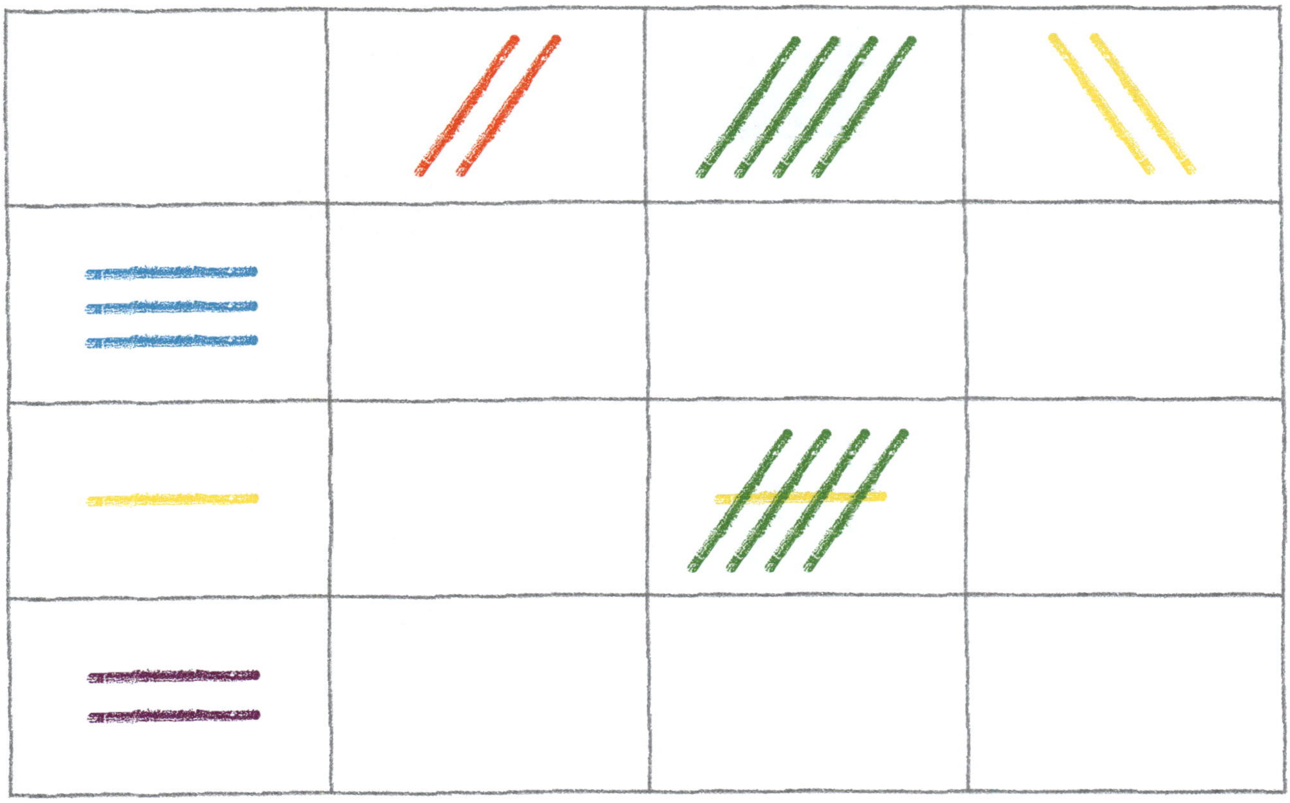

1, 2, 3

Wie viele?	Wovon?	Insgesamt
2		8
3		
6	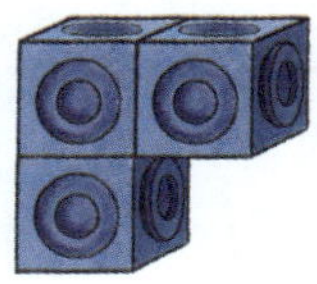	
4		
6		30
		33

Tabelle vervollständigen (Multiplikator ermitteln, Würfelgebäude zeichnen, Gesamtanzahl der Würfel berechnen) Zur Überprüfung der Lösung Figuren mit Steckwürfeln nachbauen

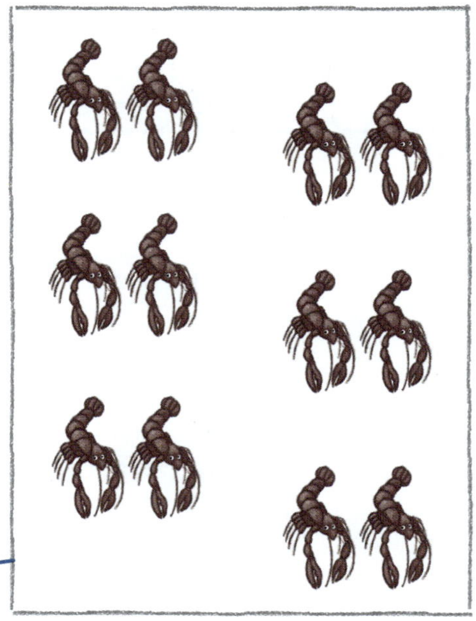

1 · 8

7 · 4

4 · 5

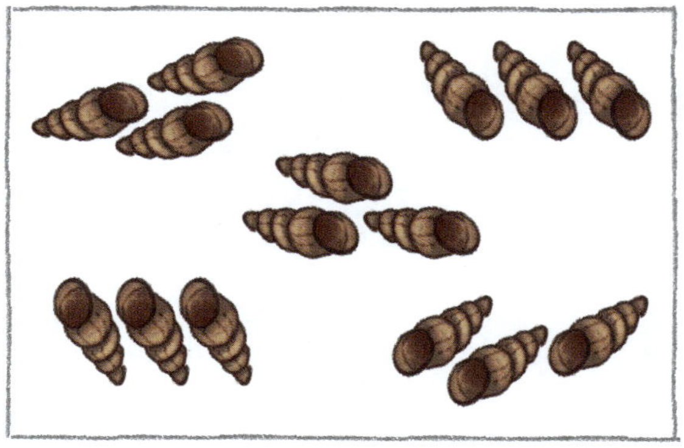

6 · 2

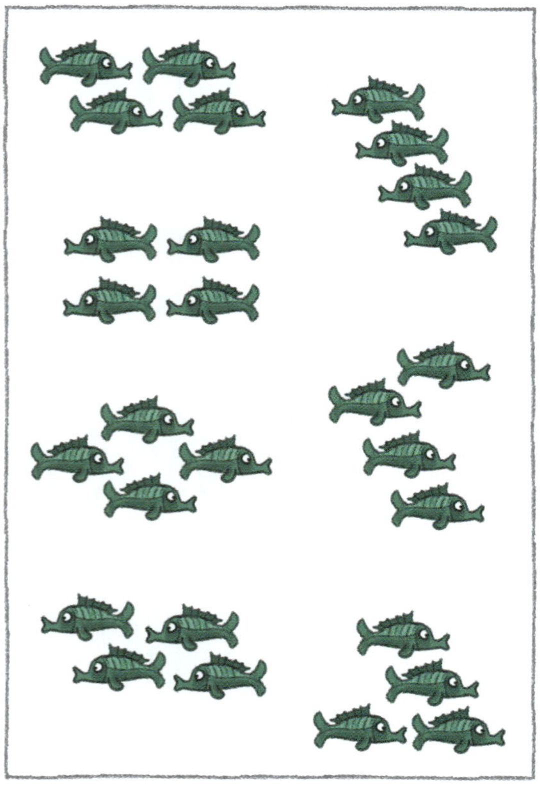

3 · 6

5 · 3

1, 2, 3

2 · 9 =

6 · 7 =

5 · 8 =

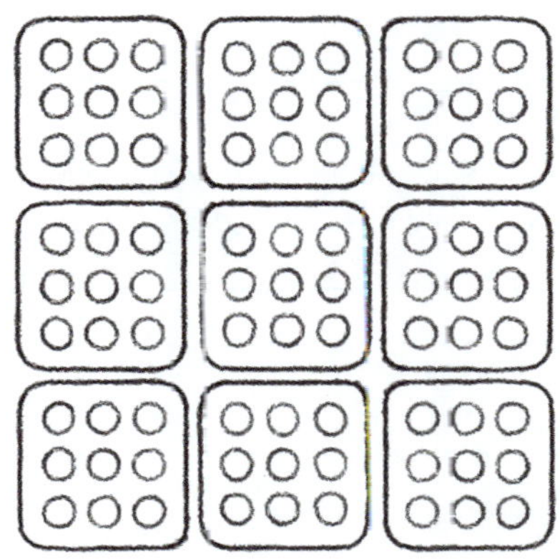

7 · 6 =

9 · 3 =

8 · 4 =

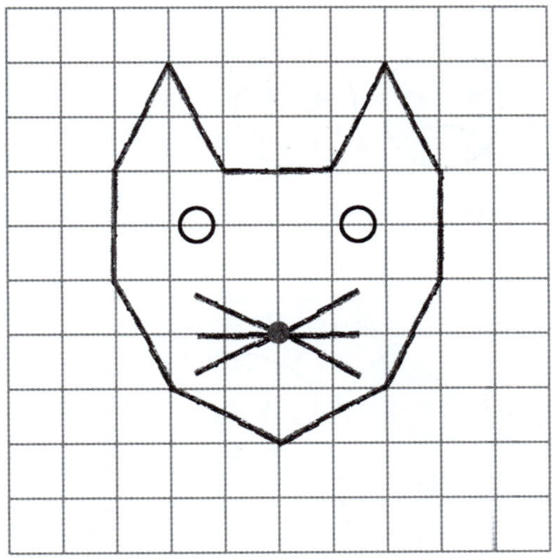

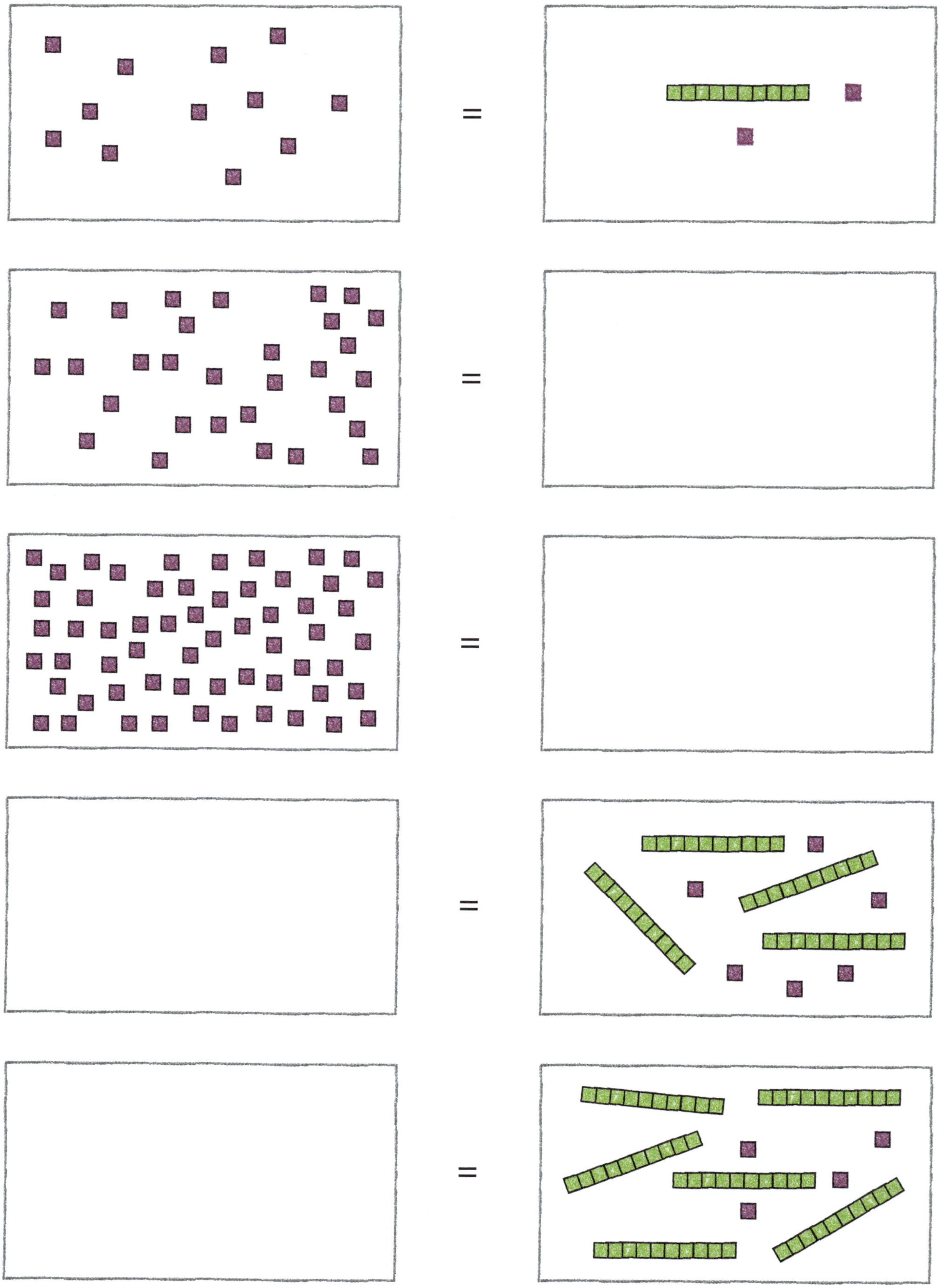

Einer in Zehner und Einer umwandeln und umgekehrt, Lösung einzeichnen
Wichtig: Strategien von Kindern selbst entwickeln lassen (keine Zählstrategien vorgeben)

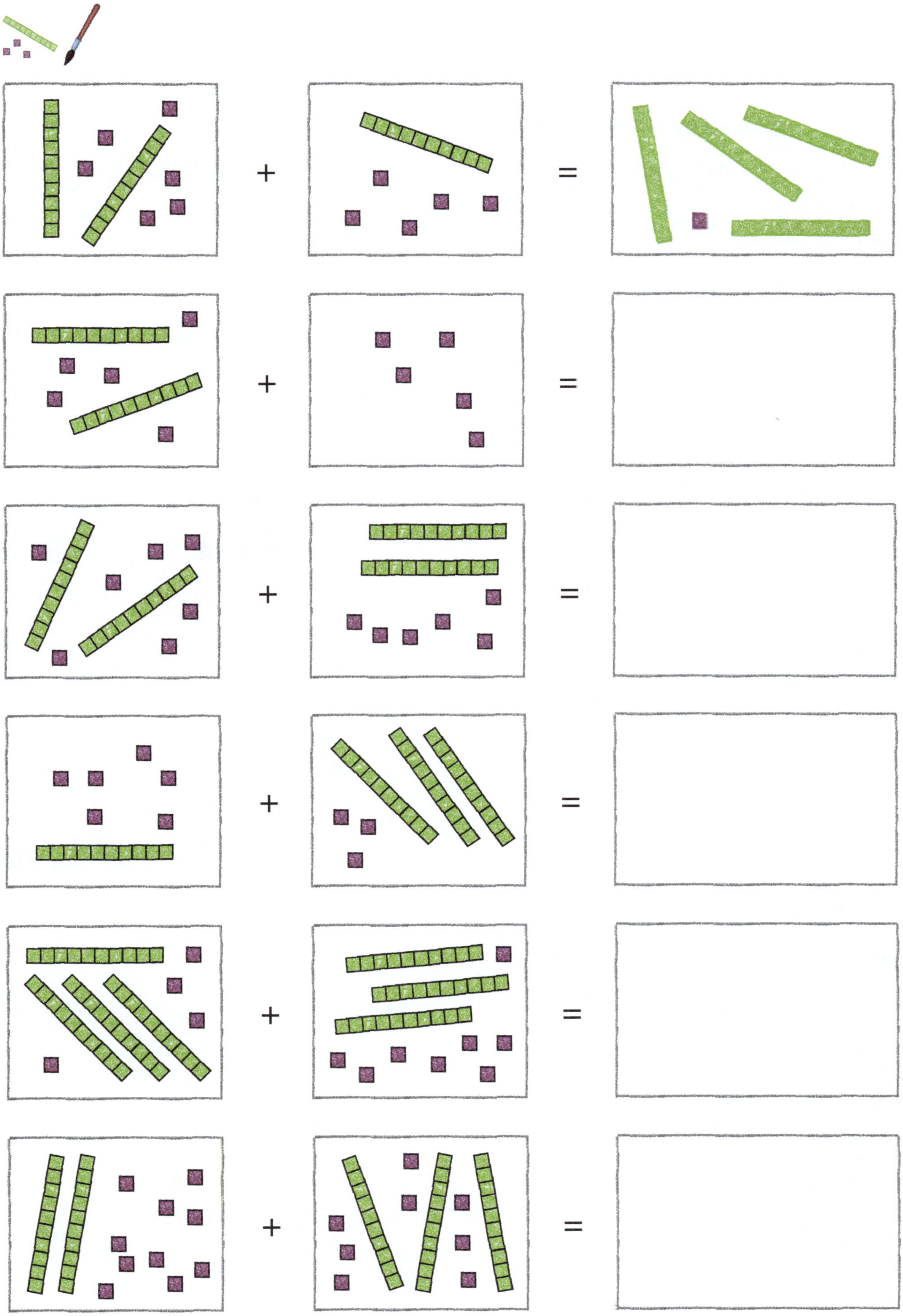

Aufgaben mit Material (Beilage 2) rechnen und Lösung einzeichnen

1, 2, 3

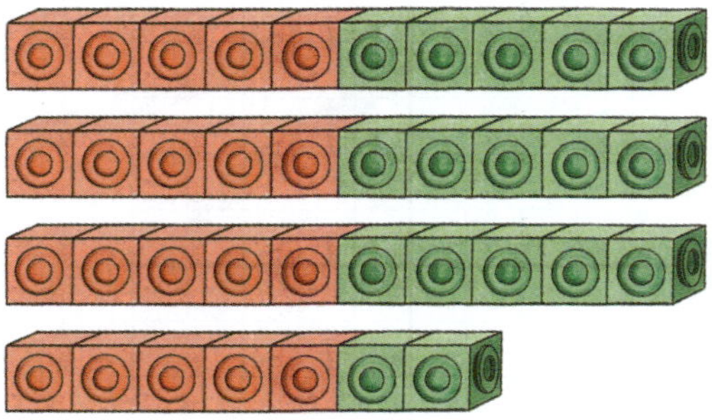

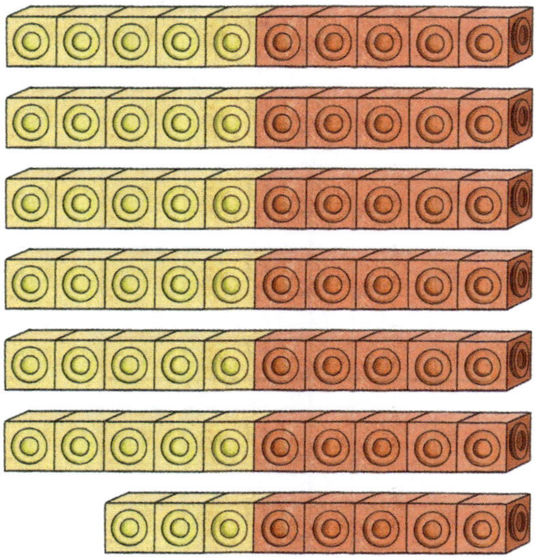

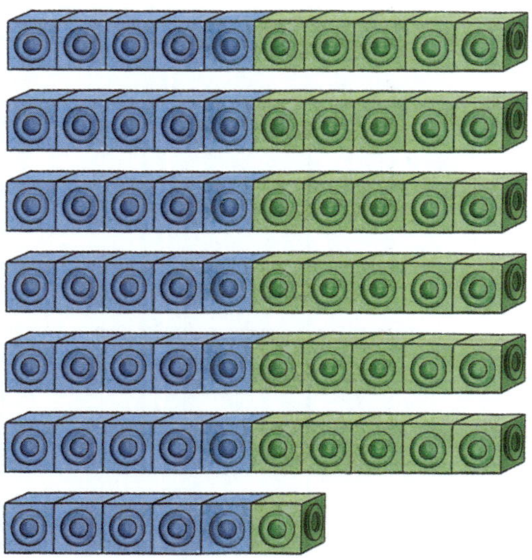

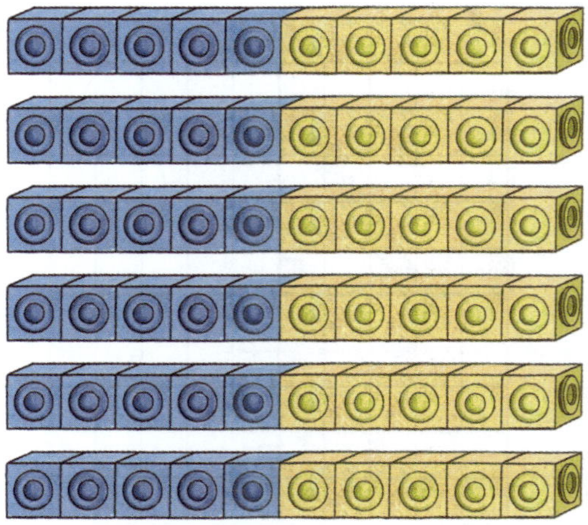

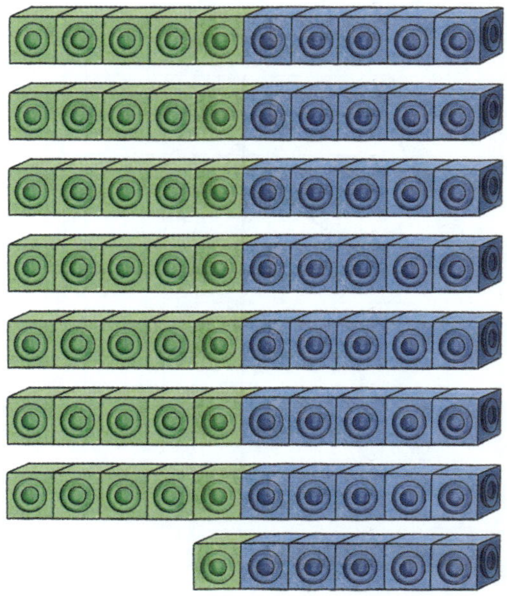

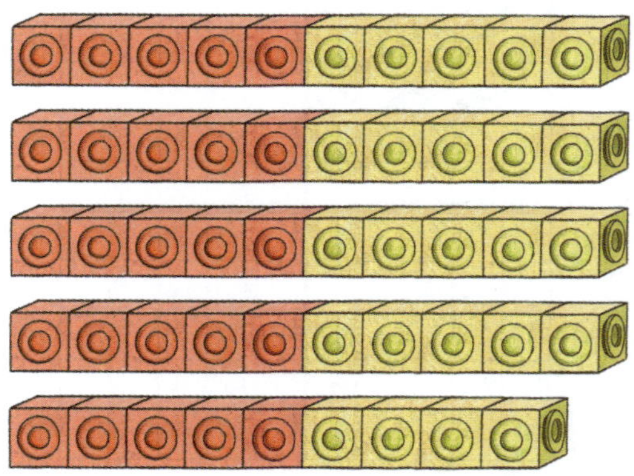

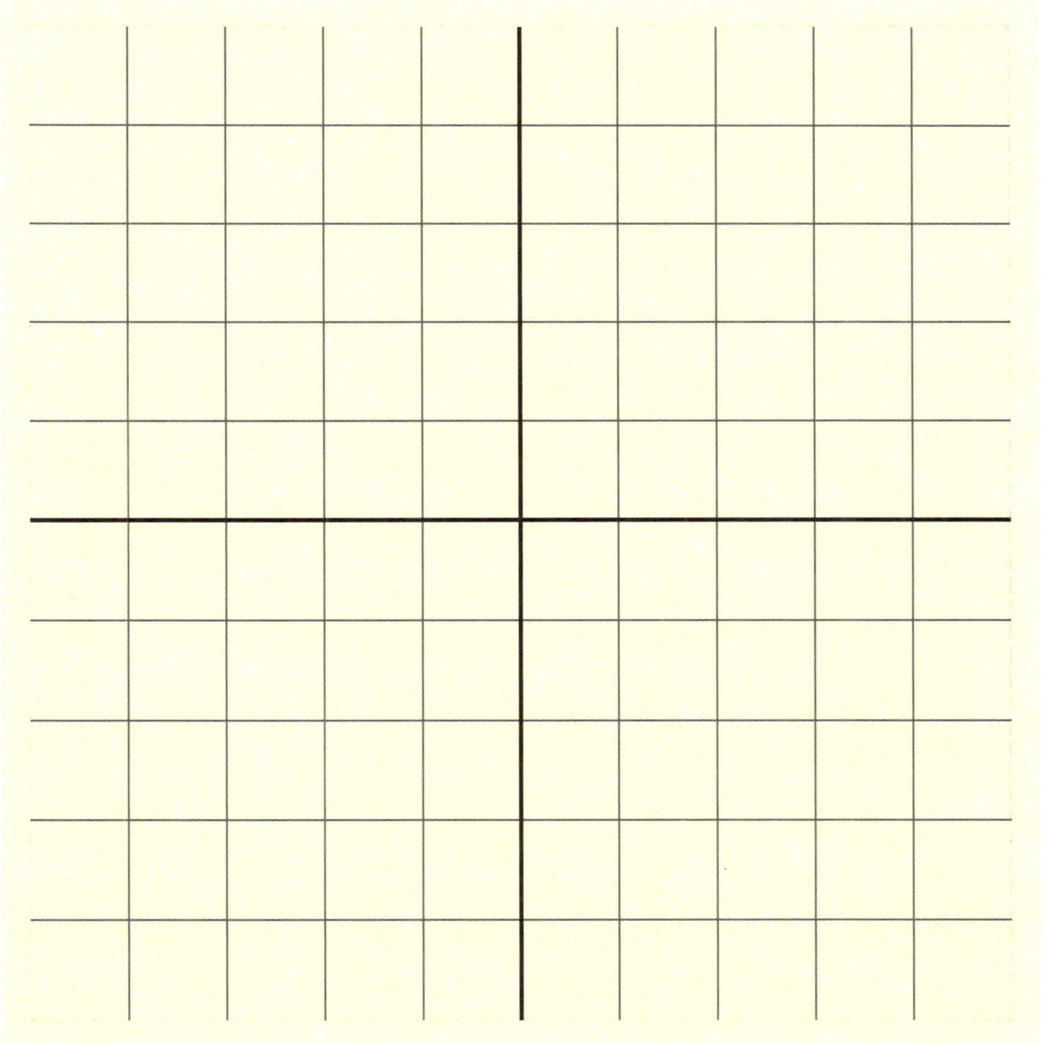

1

2

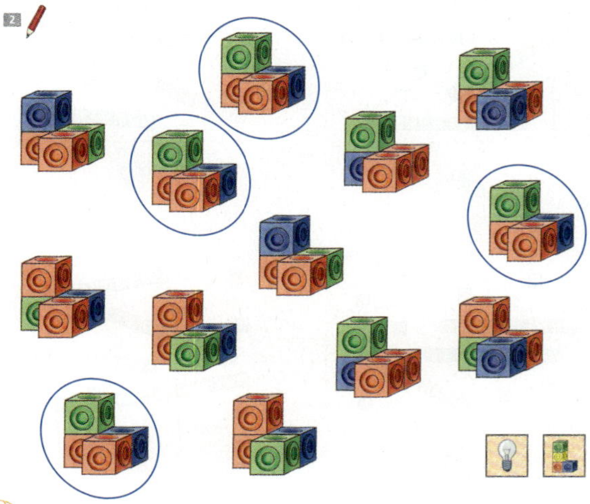

1 Figuren entsprechend der Vorgabe anmalen 2 Gleiche Figuren einkreisen
Zur Überprüfung der Lösung Figuren mit Steckwürfeln nachbauen

1, 2, 3

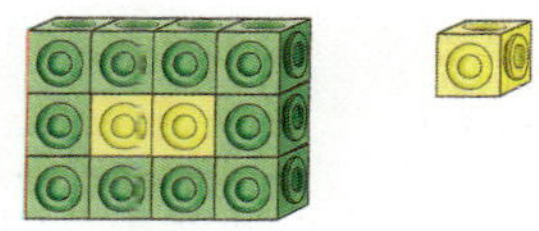

= 2

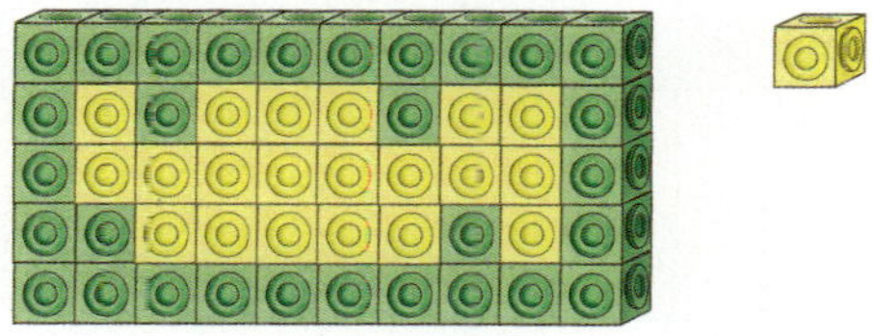

= 20

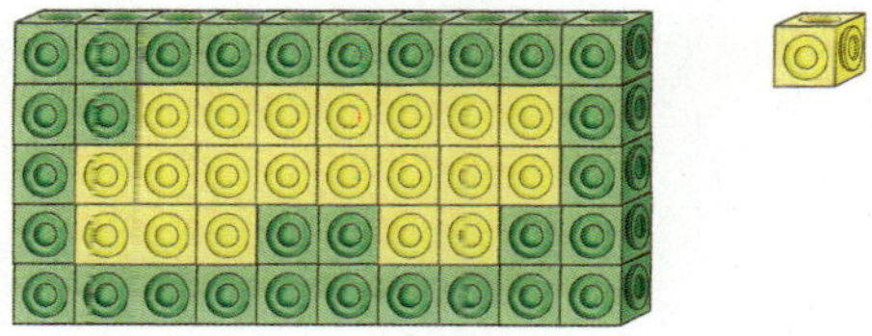

= 20

= 22

Anzahl der gelben Steckwürfel bestimmen und eintragen
Zur Überprüfung der Lösung Figuren mit Steckwürfeln nachbauen

1, 2, 3

3 = 3

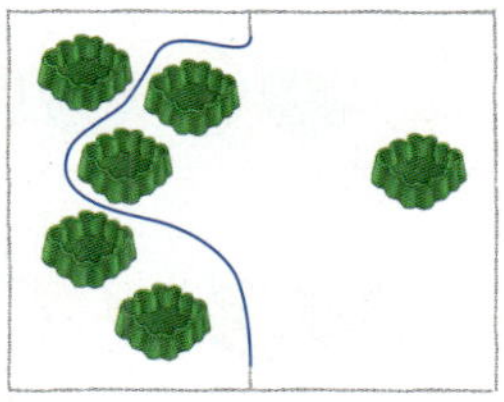

3 = 3

5 = 5

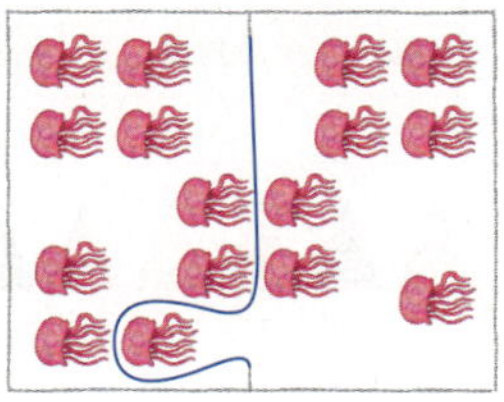

8 = 8

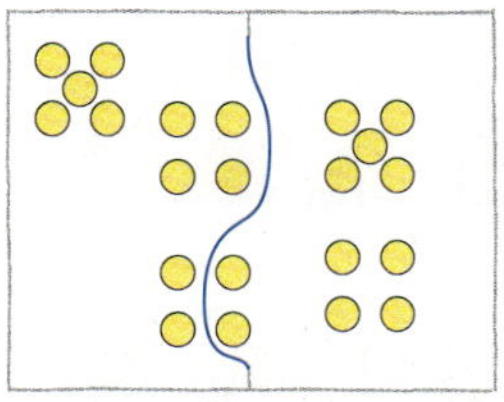

11 = 11

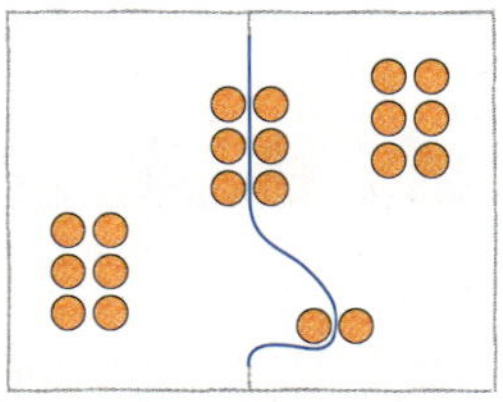

10 = 10

Feld mit einer Linie so teilen, dass die Anzahl rechts und links gleich ist und Lösung eintragen

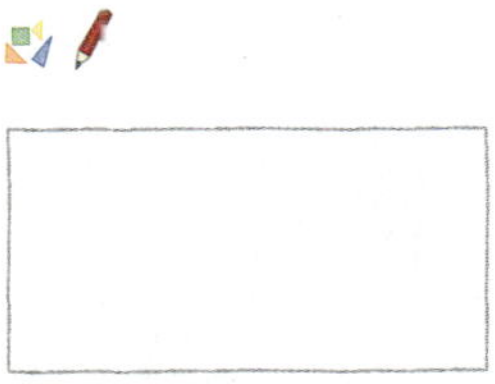

–	2	–	–
2	–	–	–
–	–	2	1

*

1	–	–	–
–	–	2	–

2	2	–	–
–	–	4	2
2	–	4	–

*

Figuren mit geometrischen Formen (Beilage 1) auslegen und Lösungen in Tabelle eintragen
* Beispiellösung. Es sind verschiedene Lösungen möglich.

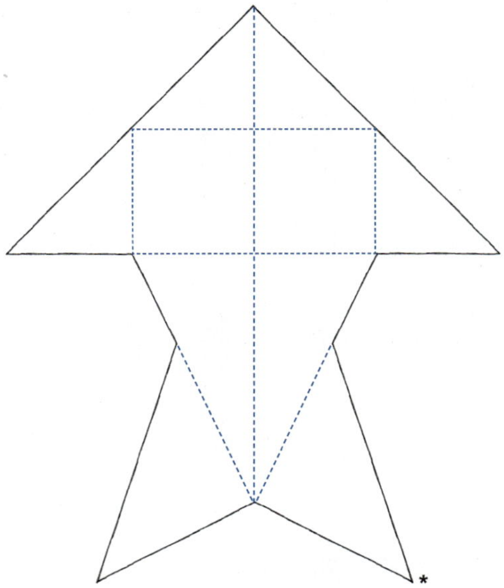

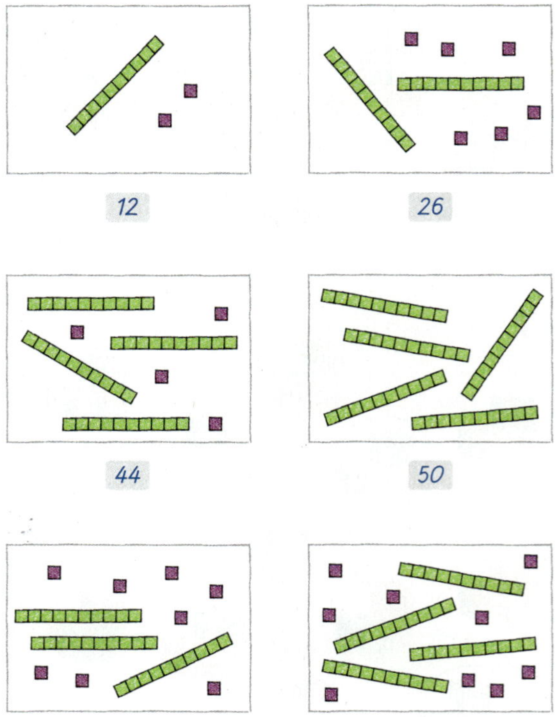

12 | 26

44 | 50

38 | 49

Figur mit geometrischen Formen (Beilage 1) auslegen und Lösung einzeichnen
* Beispiellösung. Es sind verschiedene Lösungen möglich.

Anzahlen ermitteln und eintragen

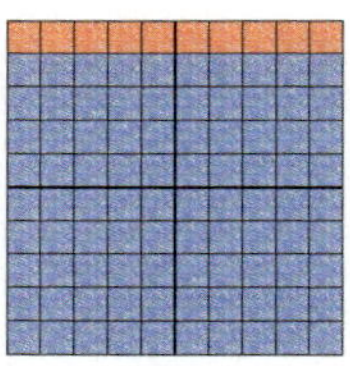

= 10 = 90

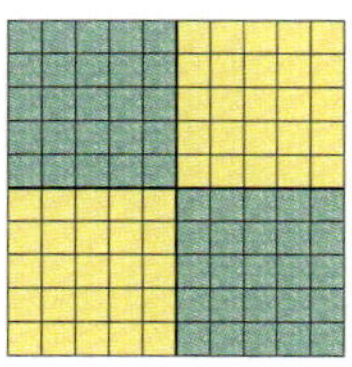

= 50 = 50

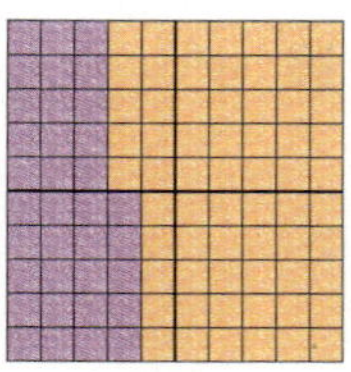

= 35 = 65

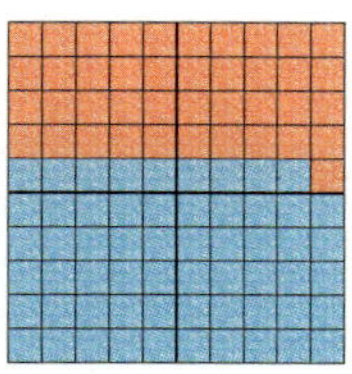

= 41 = 59

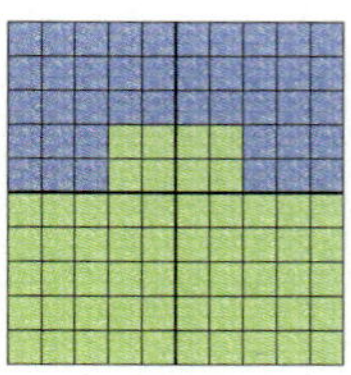

= 42 = 58

= 48 = 52

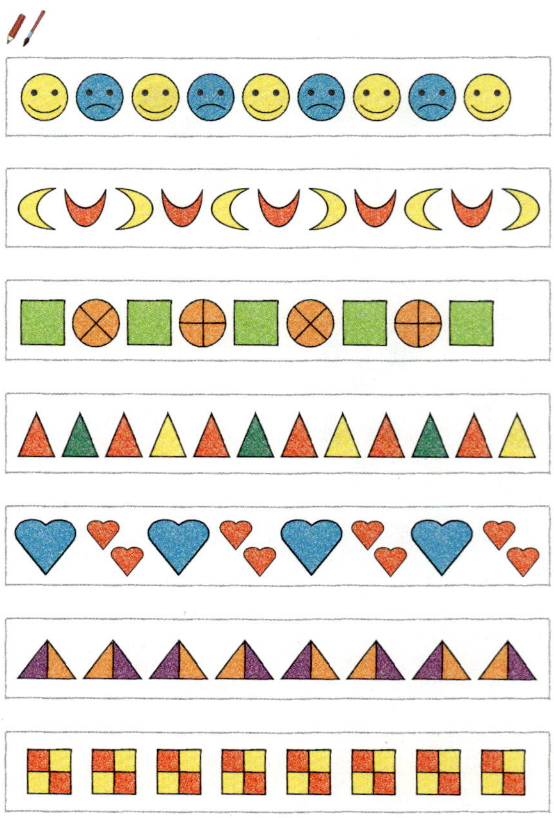

Anzahl der farbigen Kästchen bestimmen und eintragen
Wichtig: Strategien von Kindern selbst entwickeln lassen (keine Zählstrategien vorgeben)

Muster fortsetzen

Wie viele?	Wovon?	Insgesamt
2		4
3		12
5		25
2	 *	6
7	 *	14
4		24

Tabelle vervollständigen (Multiplikator ermitteln, *Würfelgebäude zeichnen, Gesamtanzahl der Würfel berechnen) Zur Überprüfung der Lösung Figuren mit Steckwürfeln nachbauen
* Beispiellösung. Es sind verschiedene Steckwürfelgebäude möglich.

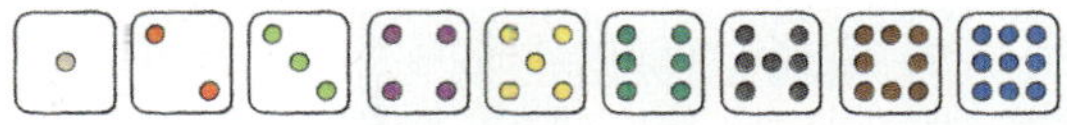

2 · 3 = 6

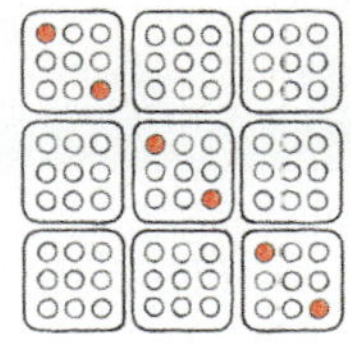

3 · 2 = 6

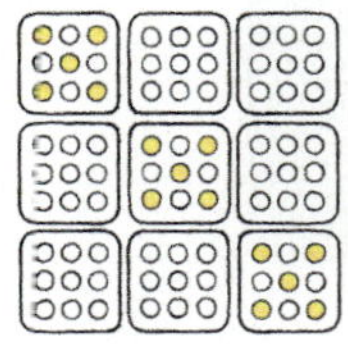

3 · 5 = 15

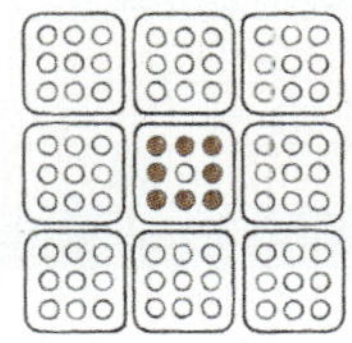

1 · 8 = 8

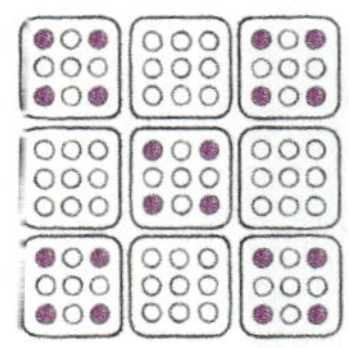

5 · 4 = 20

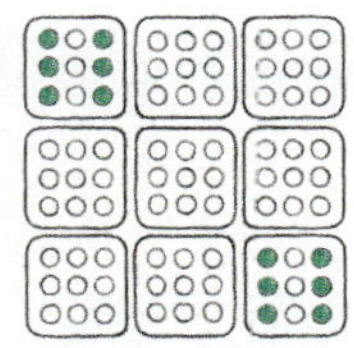

2 · 6 = 12

Malaufgaben durch Würfelbilder darstellen und lösen

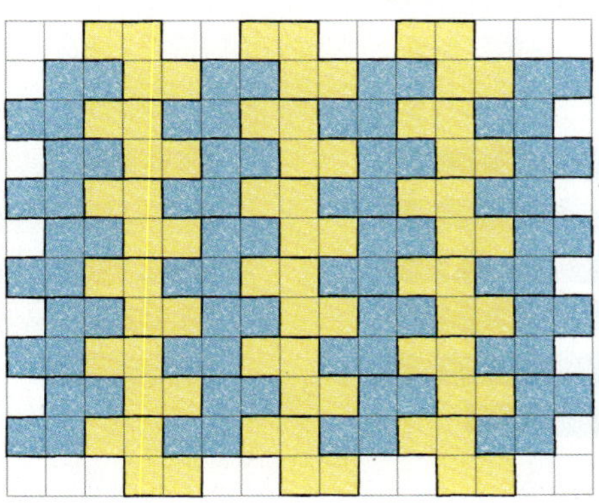

Muster fortsetzen

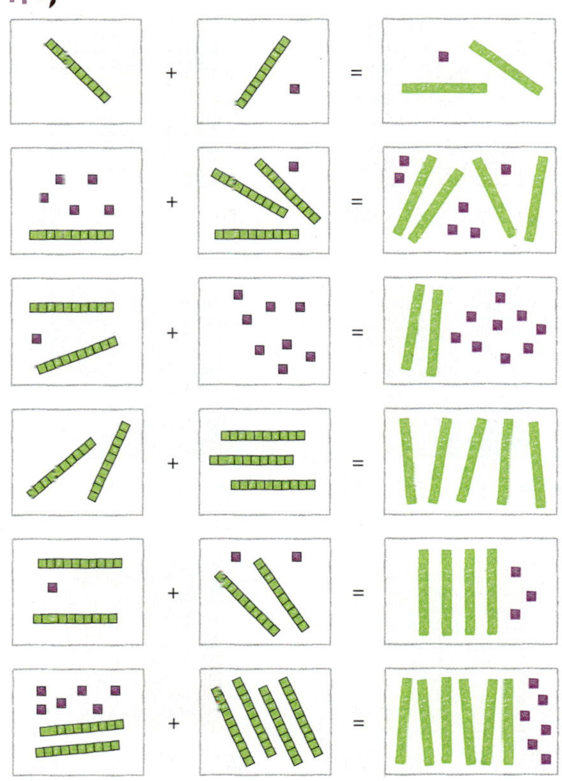

Aufgaben mit Material (Beilage 2) rechnen und Lösung einzeichnen

Das Förderheft 2 – Lösungen (Seite 14–17)

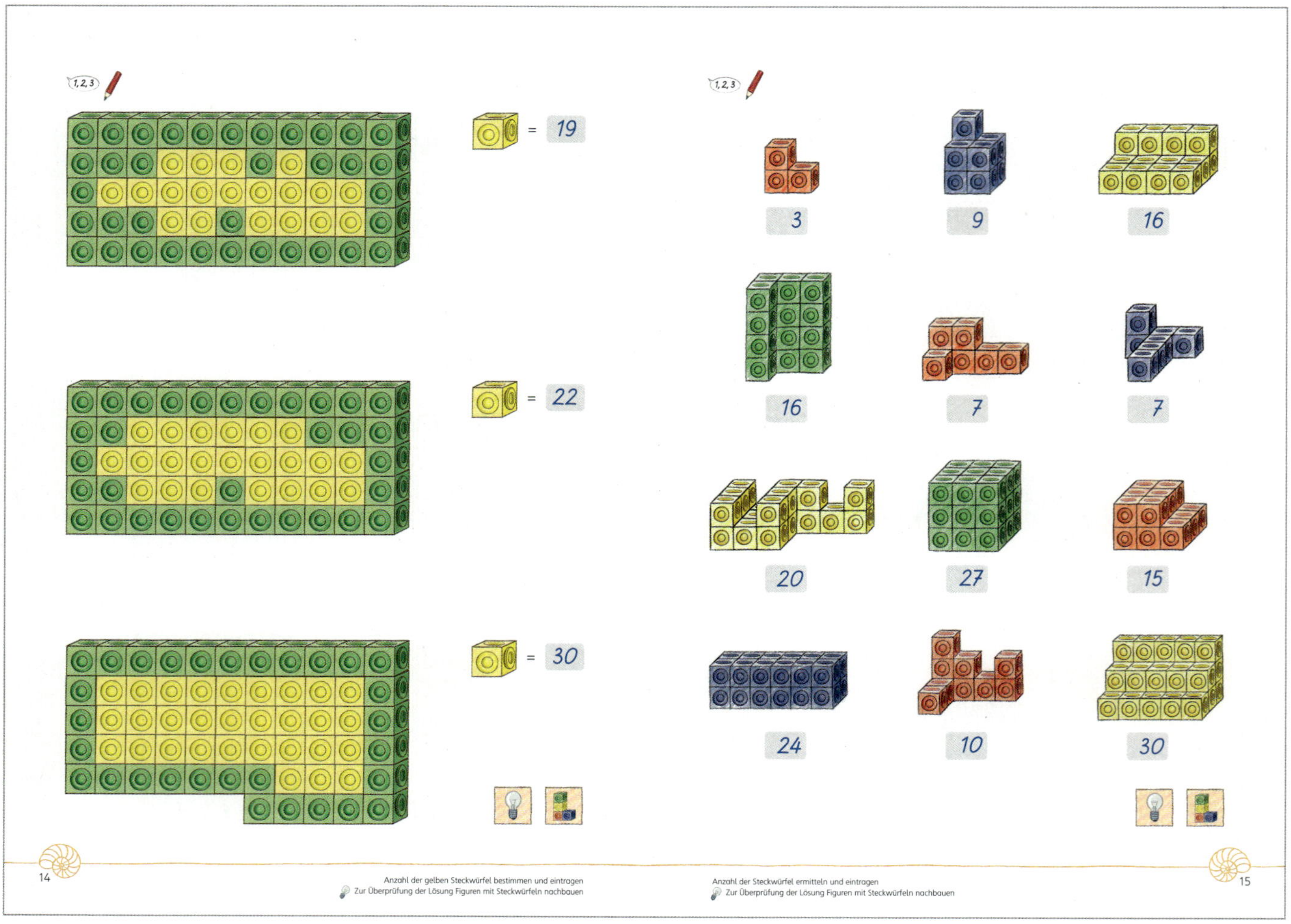

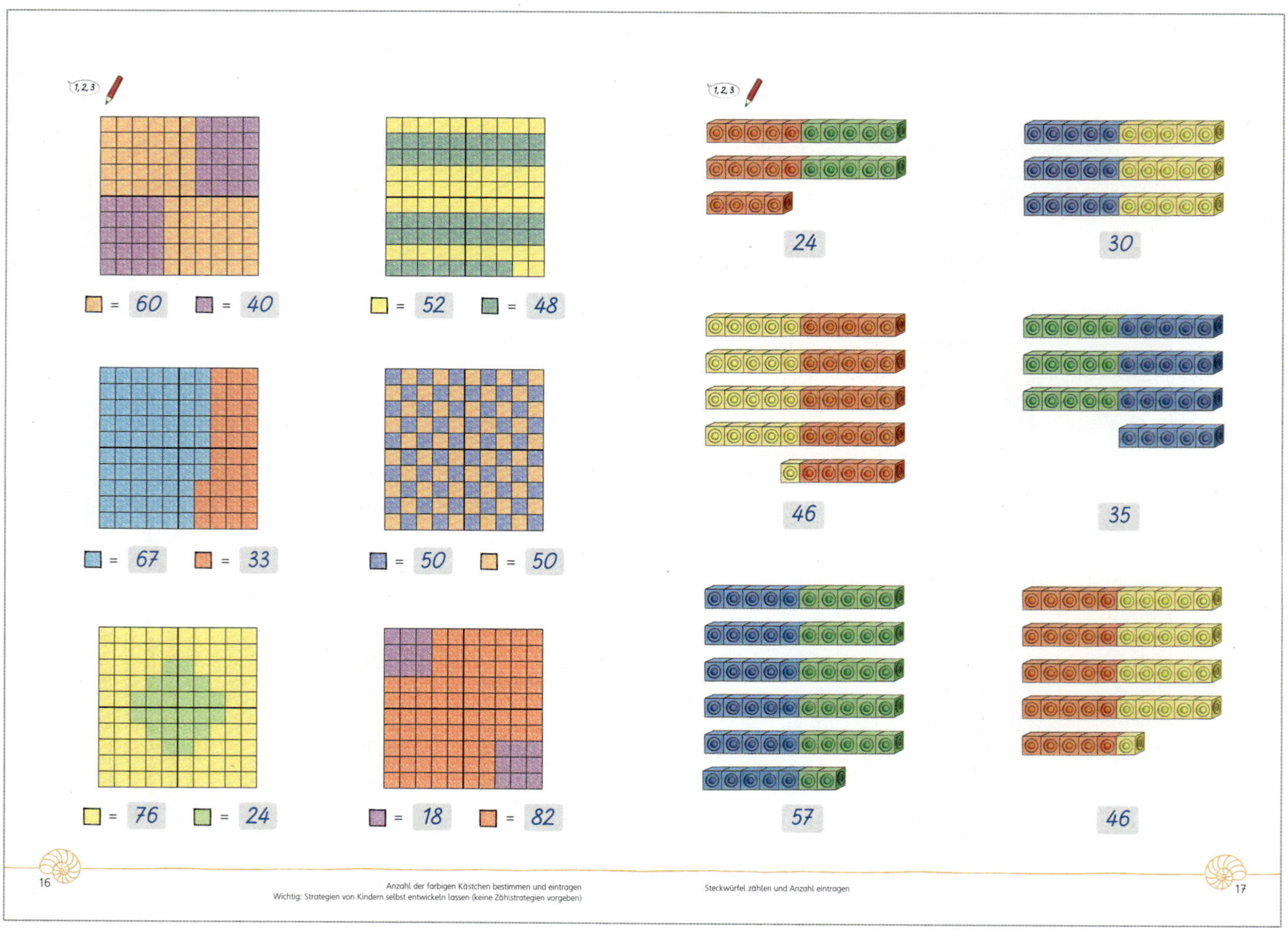

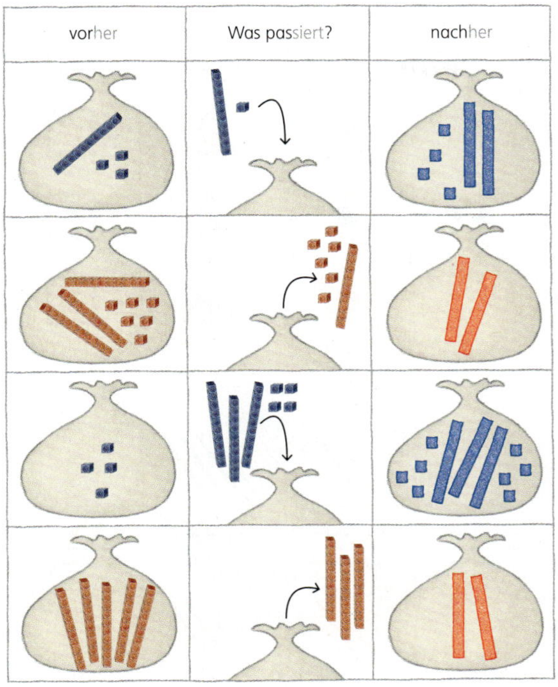

12 + 9 = 21

25 + 4 = 29

36 + 8 = 44

28 + 7 = 35

67 + 5 = 72

56 + 9 = 65

Ergebnis der Handlung einzeichnen
Zur Überprüfung der Lösung die Handlung mit Steckwürfeln nachvollziehen

Aufgaben mit Material (Beilage 1 und 2) legen, einzeichnen und lösen

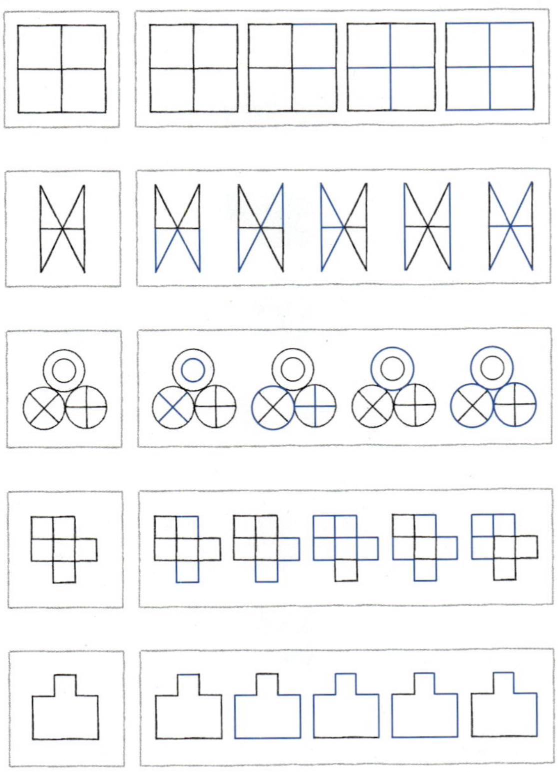

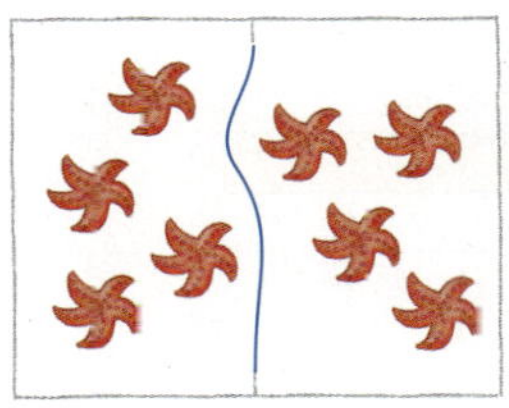

4 = 4

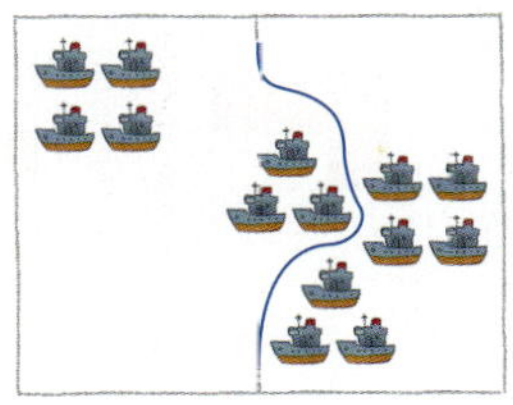

7 = 7

3 = 3

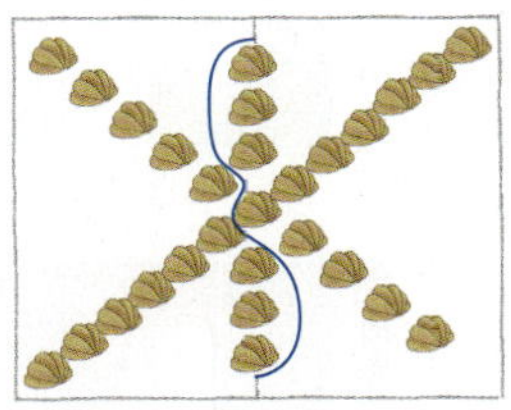

14 = 14

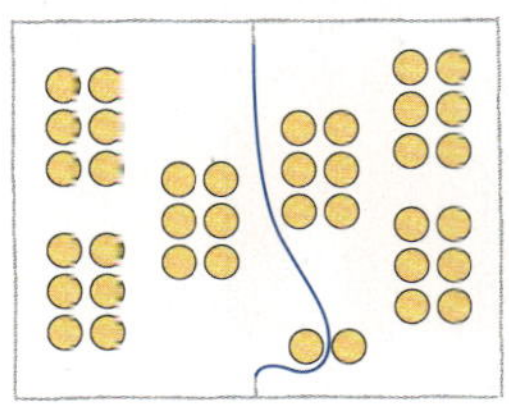

19 = 19

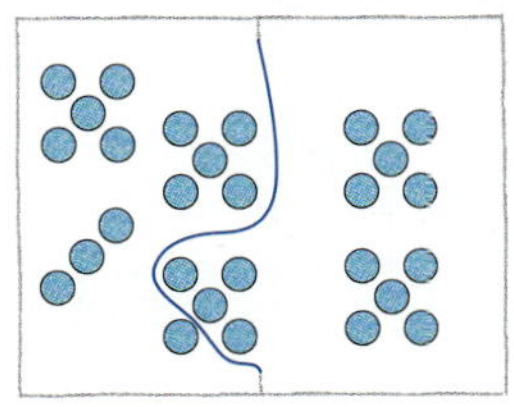

14 = 14

Formen entsprechend der Vorgabe ergänzen

Feld mit einer Linie so teilen, dass die Anzahl rechts und links gleich ist und Lösung eintragen

6

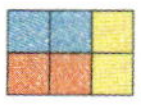 *

2 = 2 = 2

16

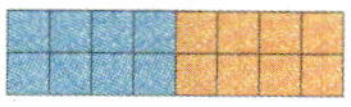 *

8 = 8

12

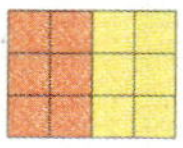 *

6 = 6

12

 *

3 = 3 = 3 = 3

24

 *

4 = 4 = 4 = 4 = 4 = 4

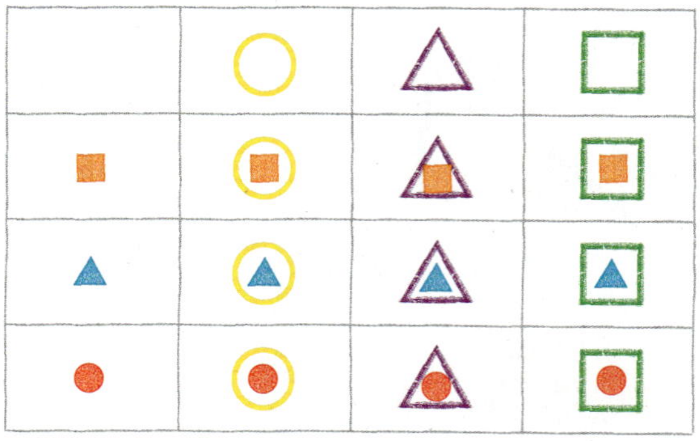

Felder in gleich große Teile unterteilen, farblich markieren und Lösung eintragen
* Beispiellösung. Es gibt unterschiedliche Färbungsmöglichkeiten.

Tabellen ausfüllen

Wie viele?	Wovon?	Insgesamt
2		8
3	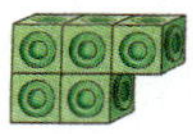	15
6		18
4	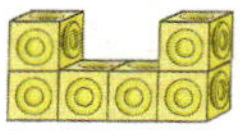	24
6	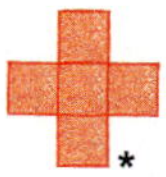 *	30
11		33

Anzahl der Kästchen in den Figuren bestimmen

Tabelle vervollständigen (Multiplikator ermitteln, Würfelgebäude zeichnen, Gesamtanzahl der Würfel berechnen) Zur Überprüfung der Lösung Figuren mit Steckwürfeln nachbauen
* Beispiellösung. Es sind verschiedene Steckwürfelgebäude möglich.

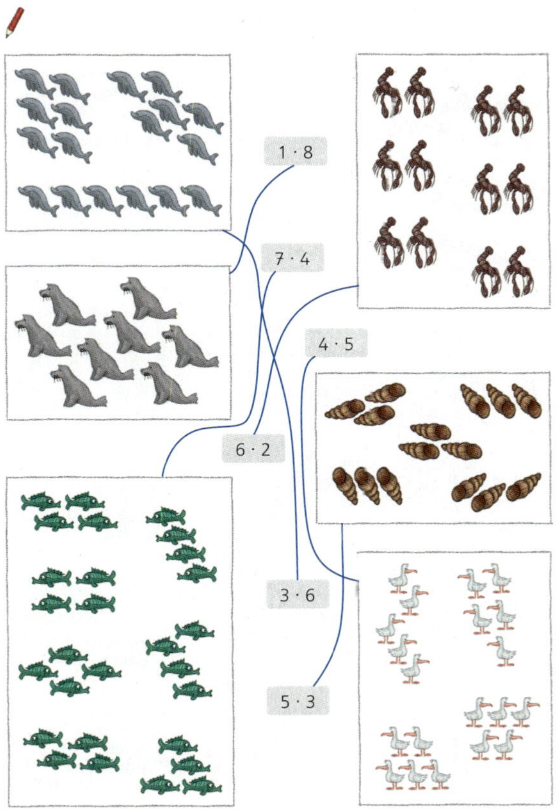

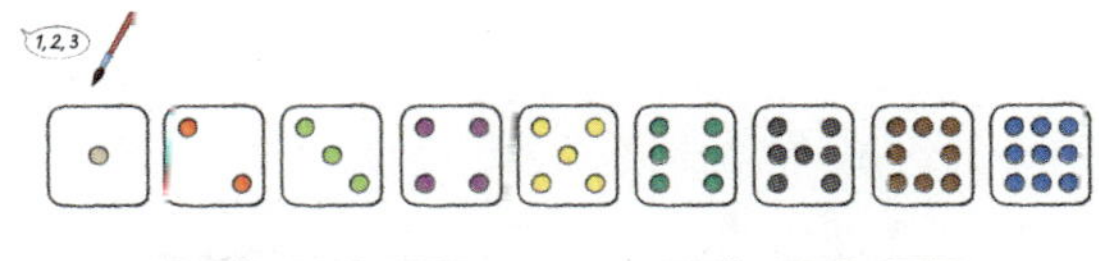

2 · 9 = 18

6 · 7 = 42

5 · 8 = 40

7 · 6 = 42

9 · 3 = 27

8 · 4 = 32

Bilder mit passender Malaufgabe verbinden

Malaufgaben durch Würfelbilder darstellen und lösen

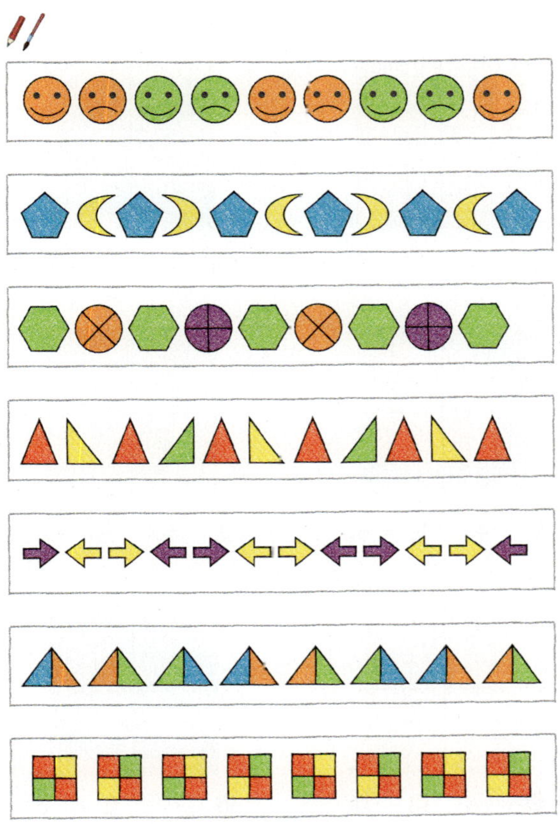

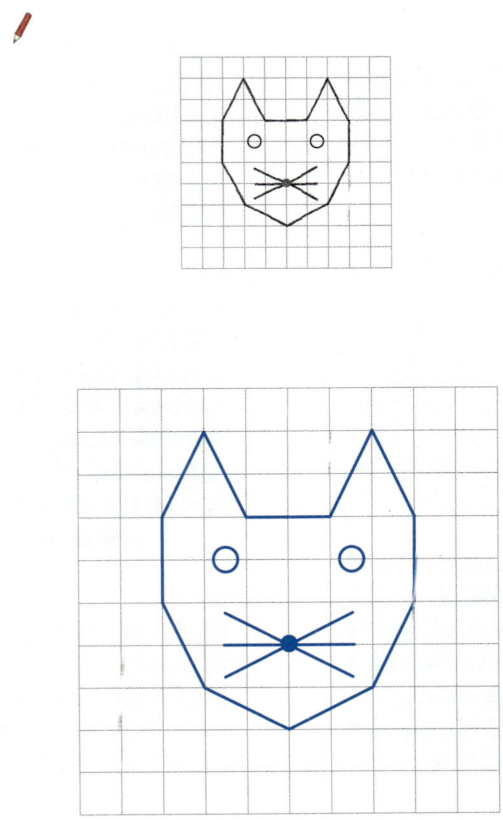

Muster fortsetzen

Figur in das große Raster übertragen

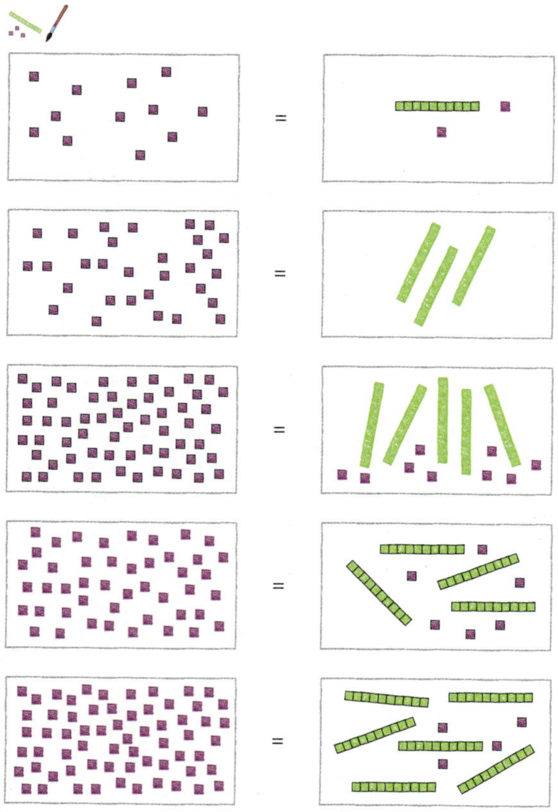

Einer in Zehner und Einer umwandeln und umgekehrt, Lösung einzeichnen
Wichtig: Strategien von Kindern selbst entwickeln lassen (keine Zählstrategien vorgeben)

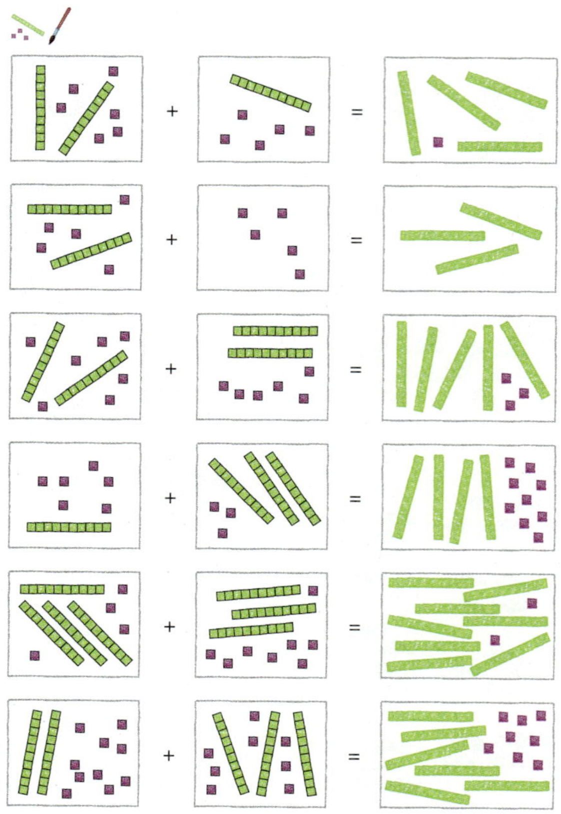

Aufgaben mit Material (Beilage 2) rechnen und Lösung einzeichnen

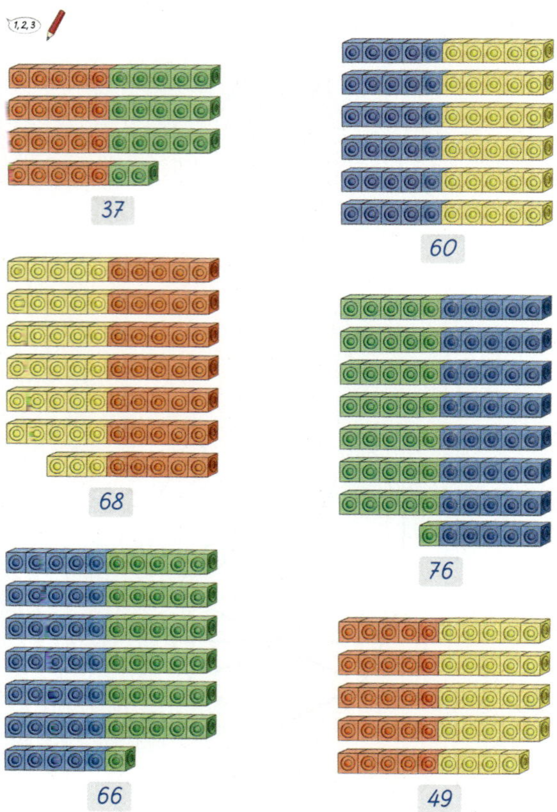

Steckwürfel zählen und Anzahl eintragen

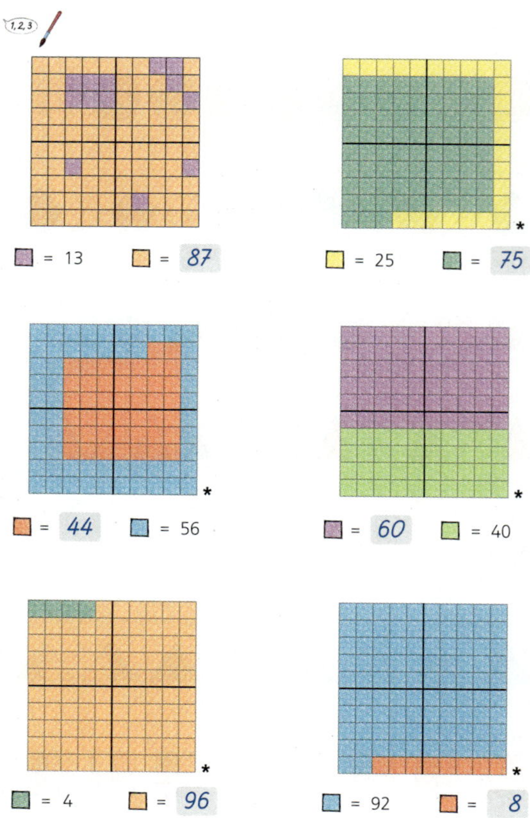

Kästchen entsprechend der Farbvorgabe anmalen und Anzahlen bestimmen
Wichtig: Strukturen von Kindern selbst entdecken lassen (nicht auf 10er-Strukturen hinweisen)
* Beispiellösung. Es gibt unterschiedliche Färbungsmöglichkeiten.

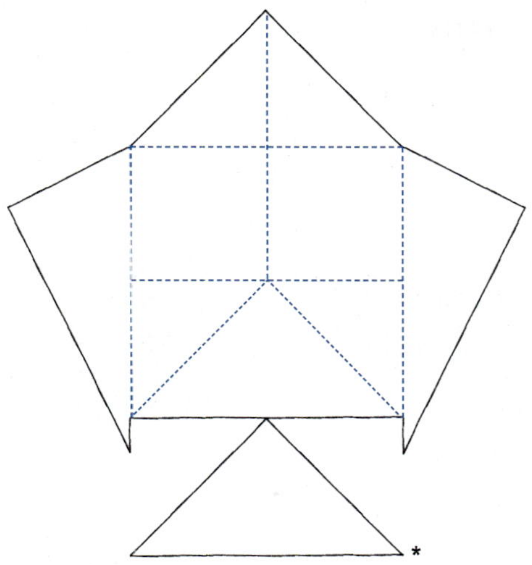

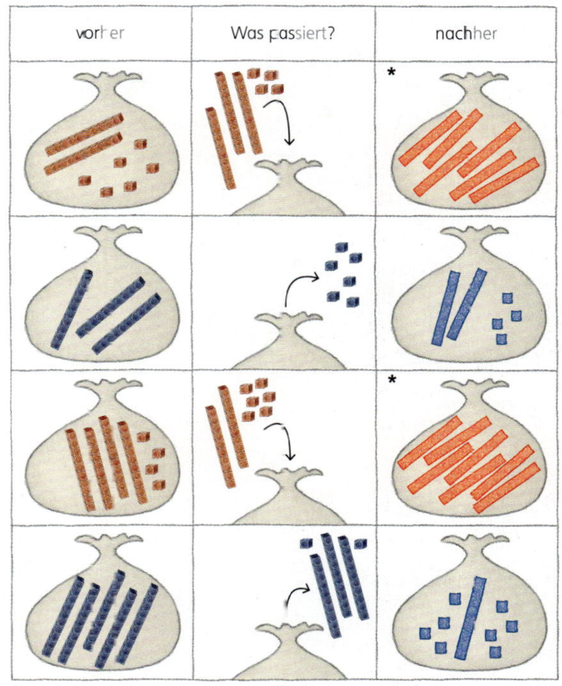

Figur mit geometrischen Formen (Beilage 1) auslegen und Lösung einzeichnen
* Beispiellösung. Es sind verschiedene Lösungen möglich.

Ergebnis der Handlung einzeichnen
Zur Überprüfung der Lösung die Handlung mit Steckwürfeln nachvollziehen
* Beispiellösung. Es sind verschiedene Lösungen möglich.

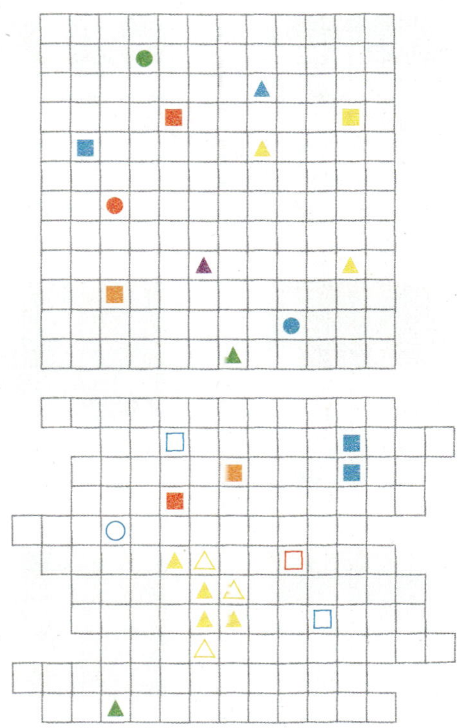

Anzahl der Kästchen in den Figuren bestimmen

Symbole auf Seite 38 an richtiger Stelle eintragen

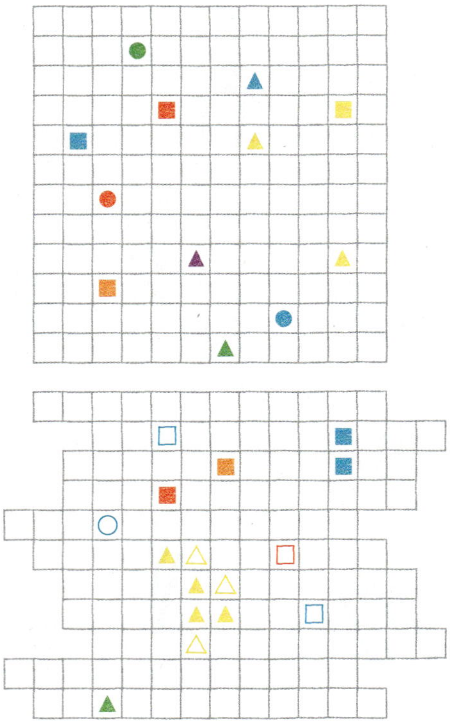

45 + 12 = 57

55 + 15 = 70

42 + 17 = 59

60 + 28 = 88

72 + 13 = 85

48 + 12 = 60

Symbole von Seite 37 an richtiger Stelle eintragen

Aufgaben mit Material (Beilage 1 und 2) legen, einzeichnen und lösen

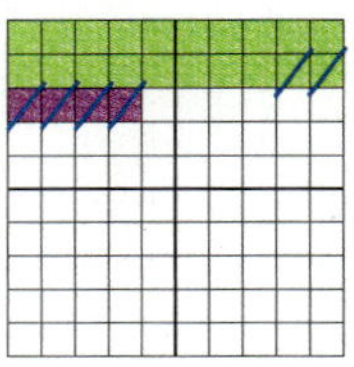

24 - 6 = 18

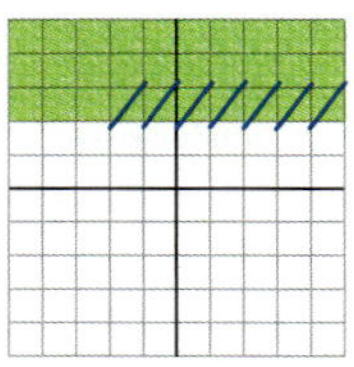

30 - 7 = 23

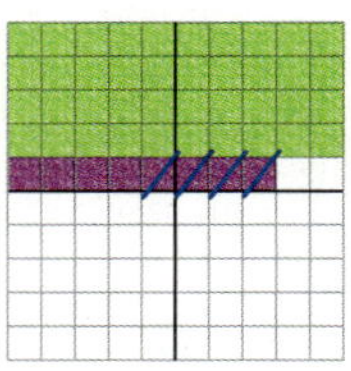

48 - 4 = 44

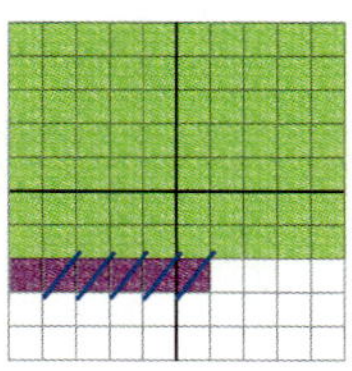

76 - 5 = 71

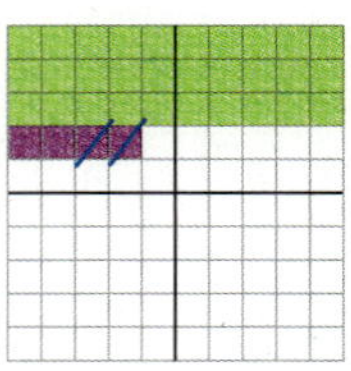

34 - 2 = 32

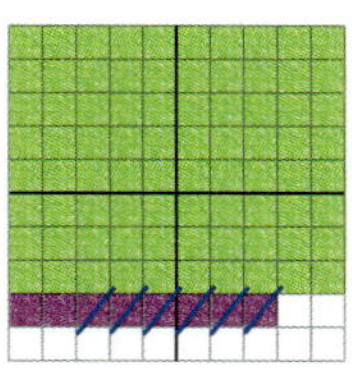

88 - 6 = 82

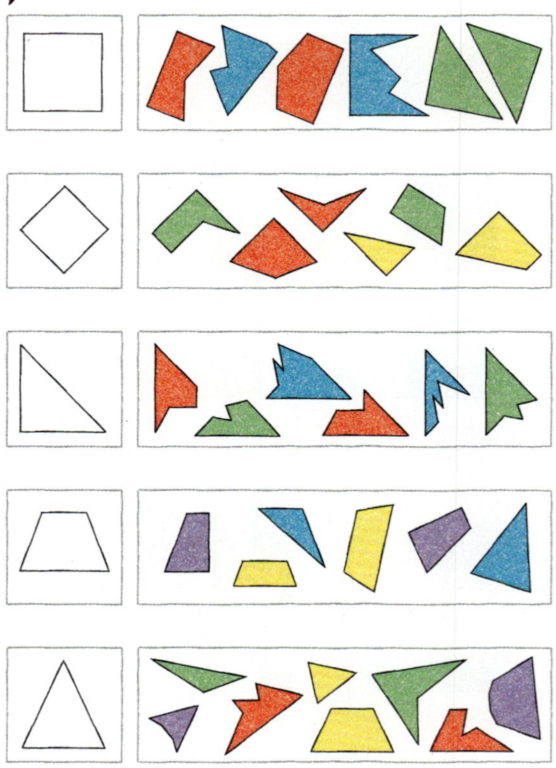

Aufgaben mit Material (Beilage 1 und 2) legen, einzeichnen und lösen

Zusammengehörende Teile in der gleichen Farbe anmalen

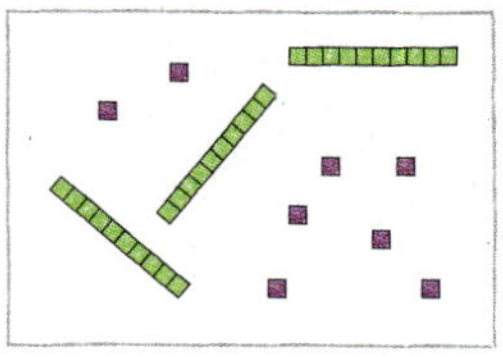

38

90

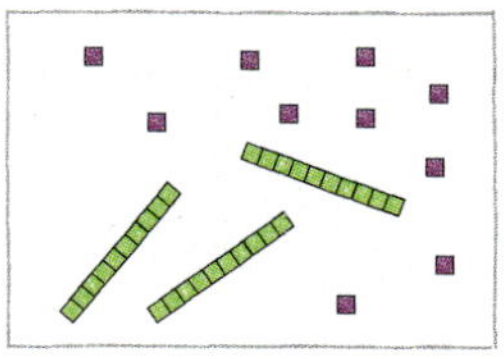

40

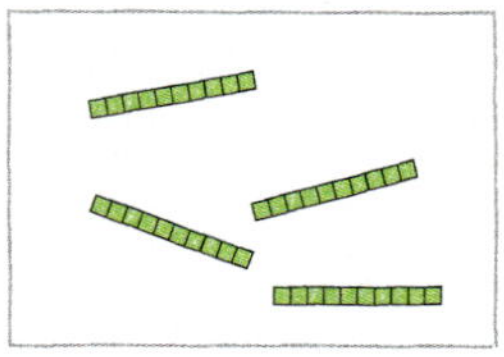

40

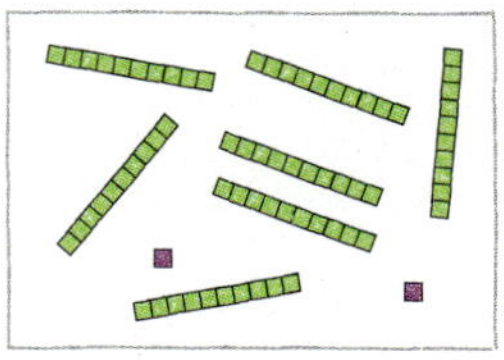

72

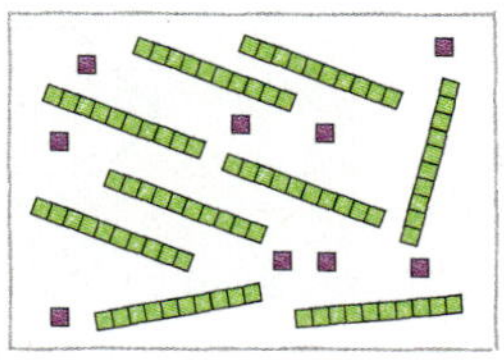

99

Meine Schulsachen			
	1	3	*
	–	4	*
	1	6	*
	–	3	*
	1	7	*
	1	1	*
	1	–	*
	2	1	*
	1	5	*
	3	6	*

Anzahlen ermitteln und eintragen

Reale Gegenstände mit Zehnern und Einern ausmessen und Lösung in Tabelle eintragen
* Beispiellösung. Es sind verschiedene Lösungen möglich.

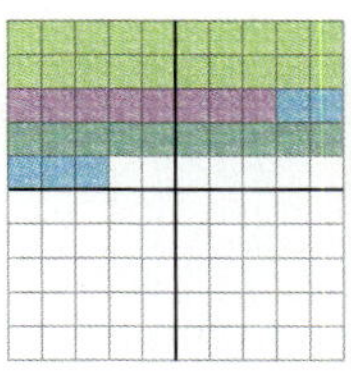

28 + 15 = 43

53 + 18 = 71

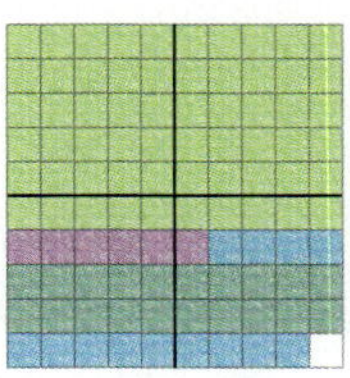

66 + 33 = 99

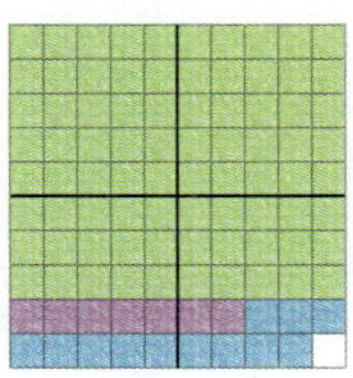

87 + 12 = 99

29 + 48 = 77

65 + 27 = 92

12

13

40

32

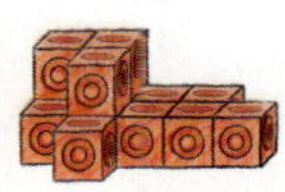

13

14

30

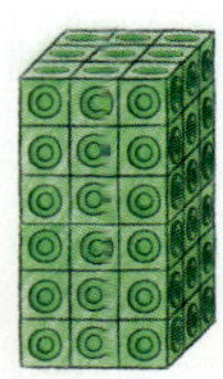

54

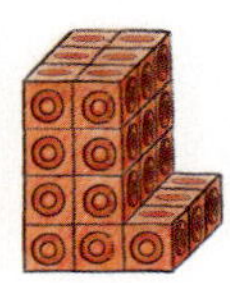

27

Aufgaben mit Material (Beilage 1 und 2) legen, einzeichnen und lösen

Anzahl der Steckwürfel ermitteln und eintragen
Zur Überprüfung der Lösung Figuren mit Steckwürfeln nachbauen

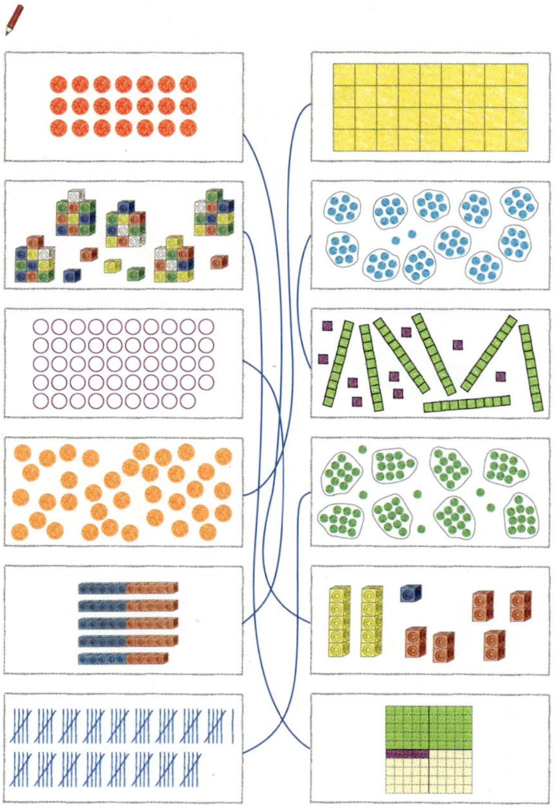

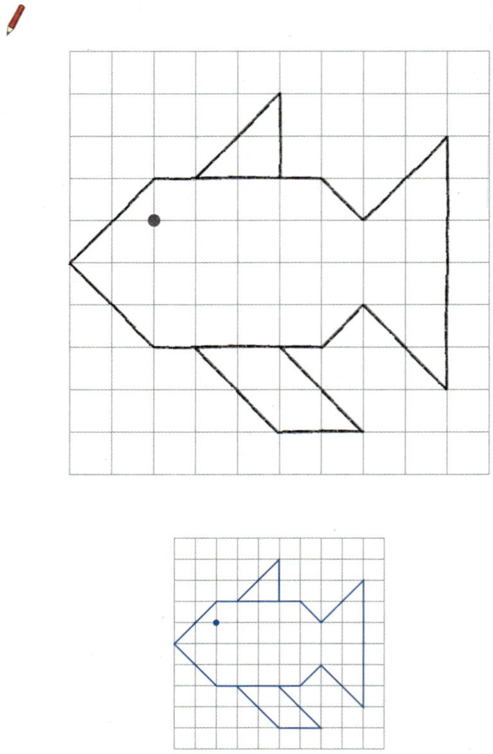

Gleiche Anzahlen verbinden

Figur in das kleine Raster übertragen

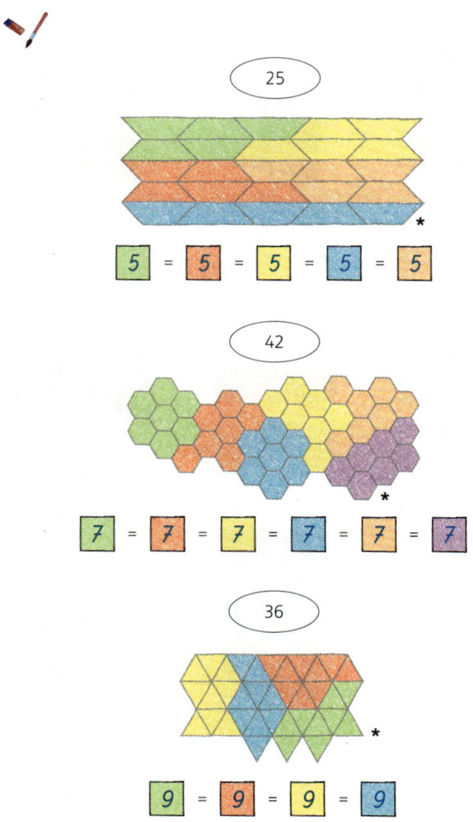

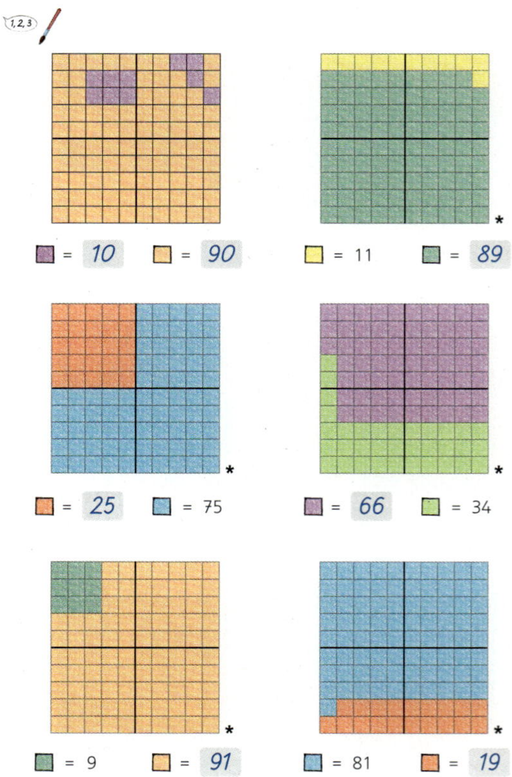

Felder in gleich große Teile unterteilen, farblich markieren und Lösung eintragen
* Beispiellösung. Es gibt unterschiedliche Färbungsmöglichkeiten.

Kästchen entsprechend der Farbvorgabe anmalen und Anzahlen bestimmen
Wichtig: Strukturen von Kindern selbst entdecken lassen (nicht auf 10er-Strukturen hinweisen)
* Beispiellösung. Es gibt unterschiedliche Färbungsmöglichkeiten.

Wie viele?	Wovon?	Insgesamt
5	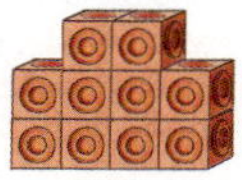	50
3	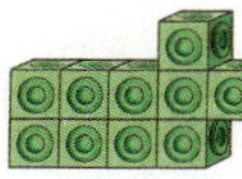	30
6	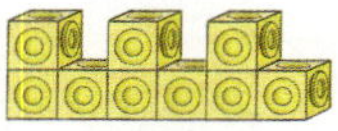	54
7		70
6	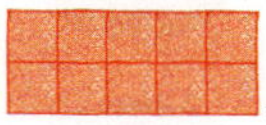 *	60
5	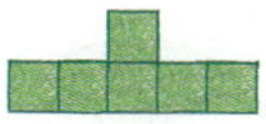 *	30

Tabelle vervollständigen (Multiplikator ermitteln, Würfelgebäude zeichnen, Gesamtanzahl der Würfel berechnen) Zur Überprüfung der Lösung Figuren mit Steckwürfeln nachbauen

* Beispiellösung. Es sind verschiedene Steckwürfelgebäude möglich.

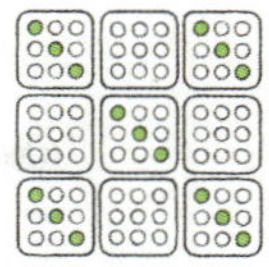

5 · 3 = 15

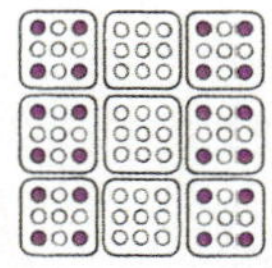

6 · 4 = 24

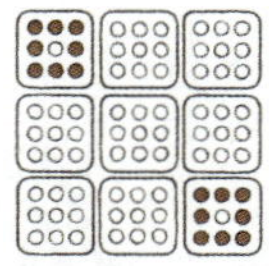

2 · 8 = 16

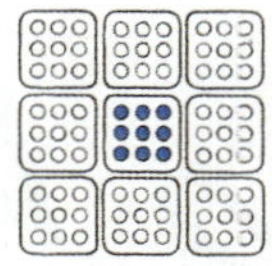

1 · 9 = 9

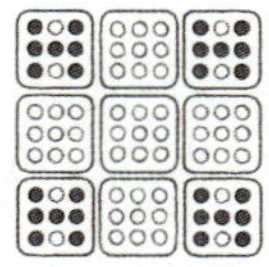

4 · 7 = 28

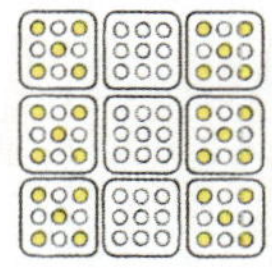

6 · 5 = 30

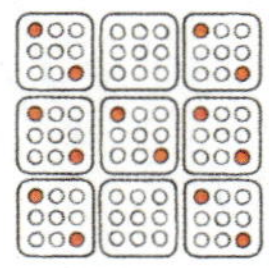

7 · 2 = 14

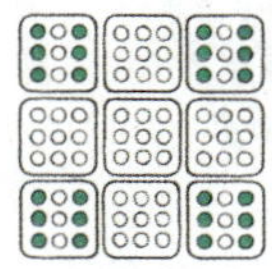

4 · 6 = 24

Malaufgaben finden und lösen

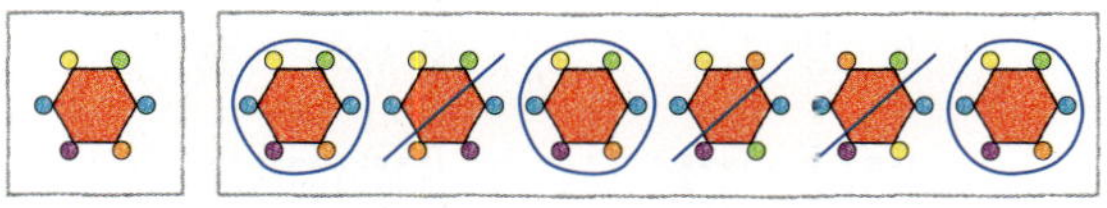

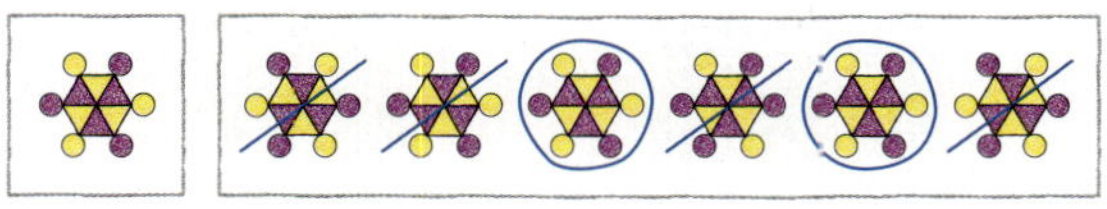

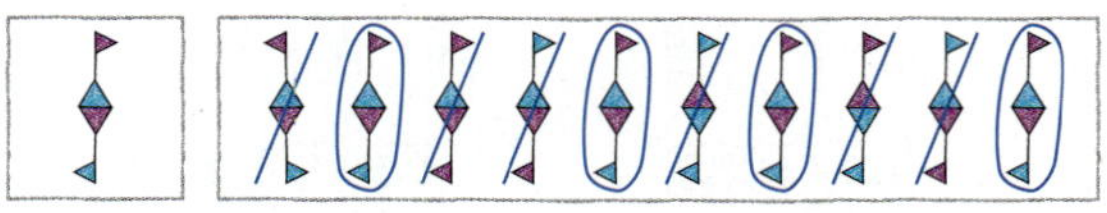

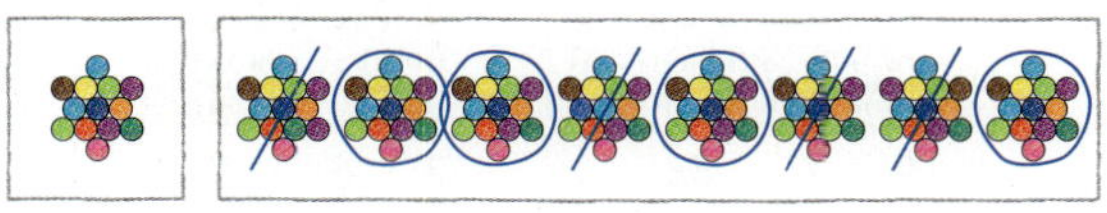

Gleiche Figuren einkreisen, die anderen durchstreichen

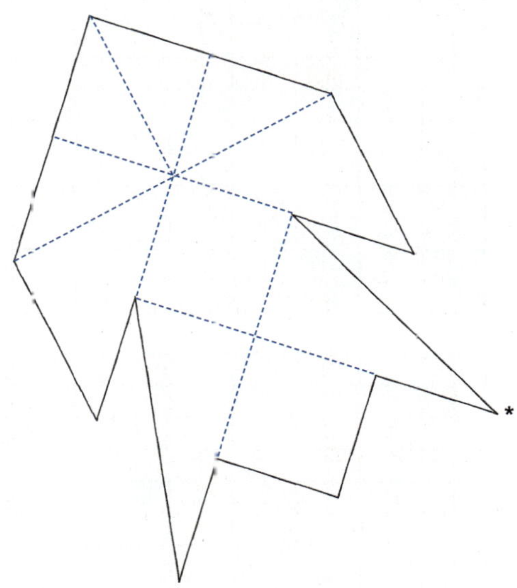

Figur mit geometrischen Formen (Beilage 1) auslegen und Lösung einzeichnen

* Beispiellösung. Es sind verschiedene Lösungen möglich.

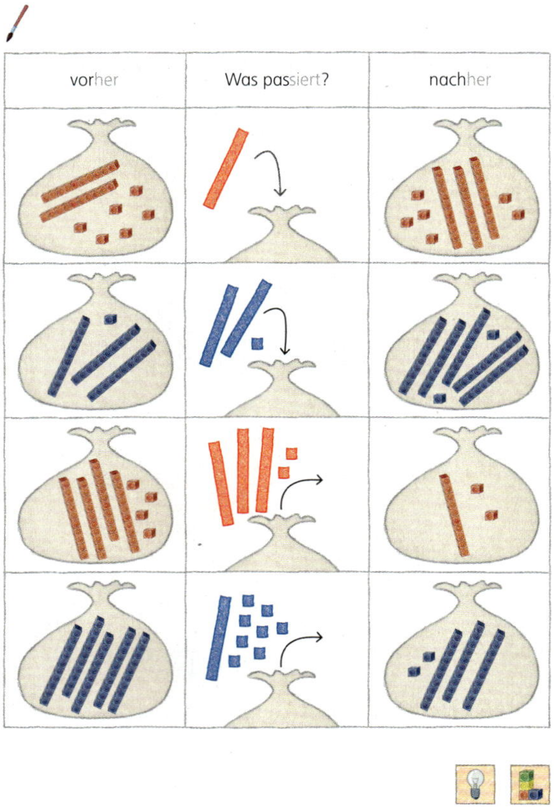

Handlung einzeichnen

Zur Überprüfung der Lösung die Handlung mit Steckwürfeln nachvollziehen

Bilder richtiger Malaufgabe zuordnen und in entsprechender Farbe anmalen

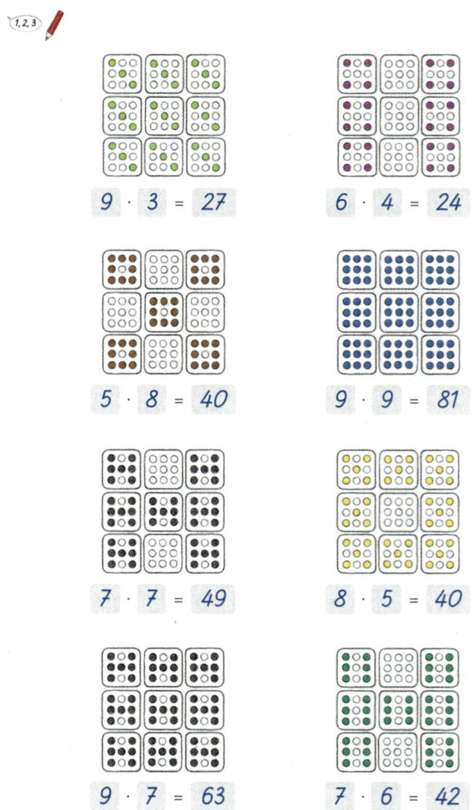

Muster fortsetzen

Malaufgaben finden und lösen

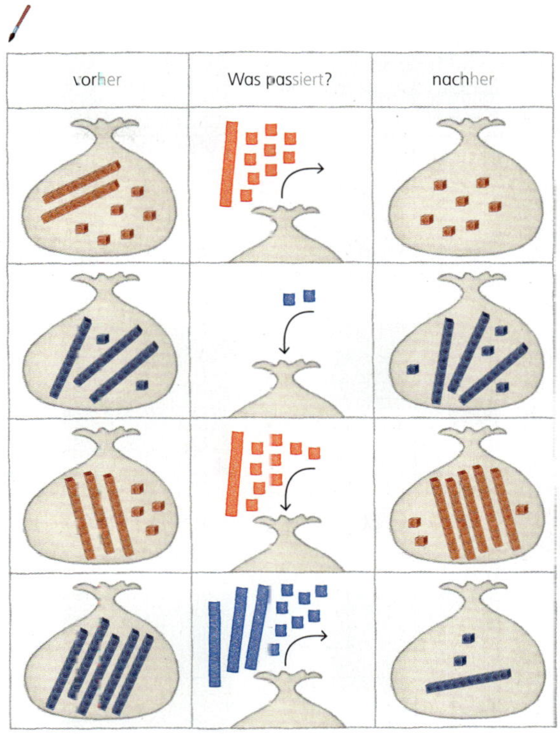

Muster fortsetzen

Handlung einzeichnen:
Zur Überprüfung der Lösung die Handlung mit Steckwürfeln nachvollziehen

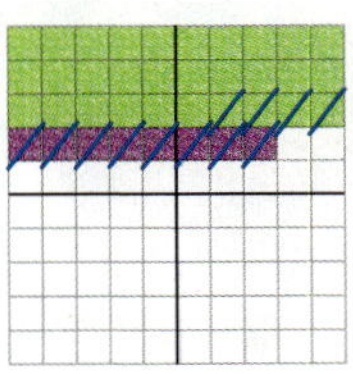

38 – 12 = 26

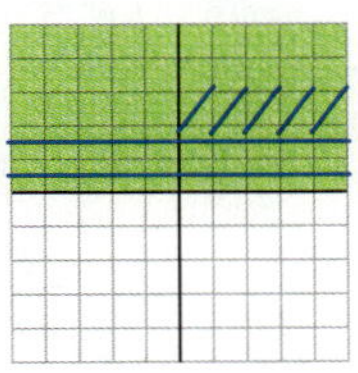

50 – 25 = 25

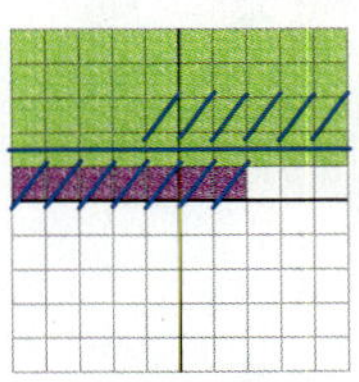

47 – 23 = 24

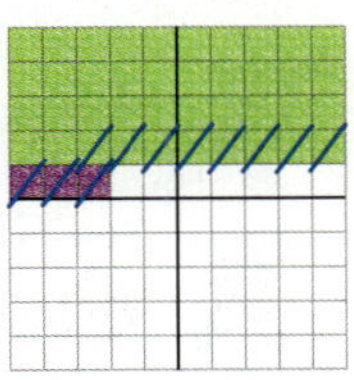

43 – 11 = 32

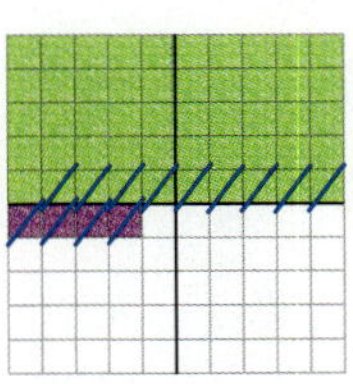

54 – 13 = 41

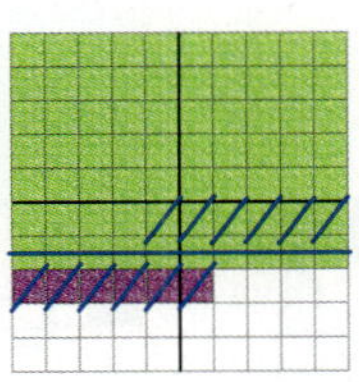

76 – 22 = 54

Aufgaben mit Material (Beilage 1 und 2) legen, einzeichnen und lösen

Anzahl der Kästchen in den Figuren bestimmen

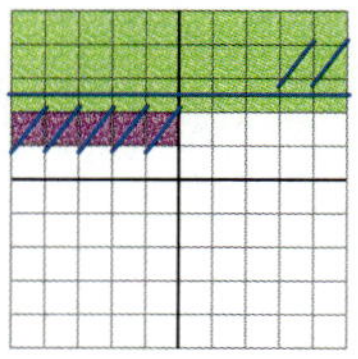

35 - 17 = 18

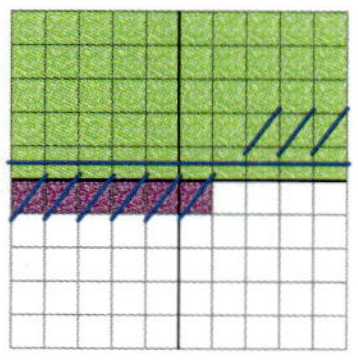

56 - 19 = 37

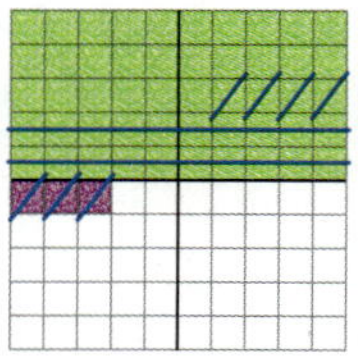

53 - 27 = 26

81 - 21 = 60

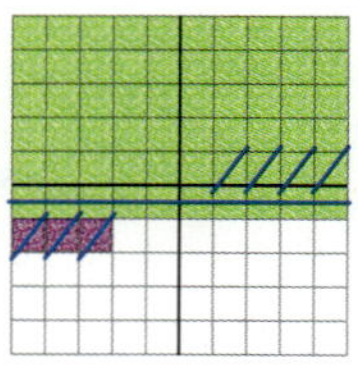

63 - 17 = 46

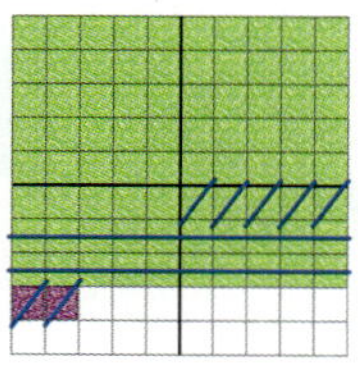

82 - 27 = 55

Aufgaben mit Material (Beilage 1 und 2) legen, einzeichnen und lösen

32

8 = 8 = 8 = 8

45

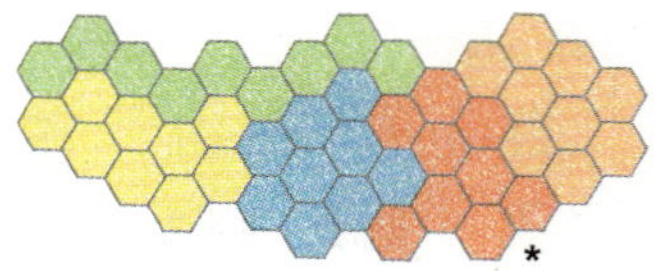

9 = 9 = 9 = 9 = 9

56

8 = 8 = 8 = 8 = 8 = 8 = 8

Felder in gleich große Teile unterteilen, farblich markieren und Lösung eintragen
* Beispiellösung. Es gibt unterschiedliche Färbungsmöglichkeiten.

1, 2, 3

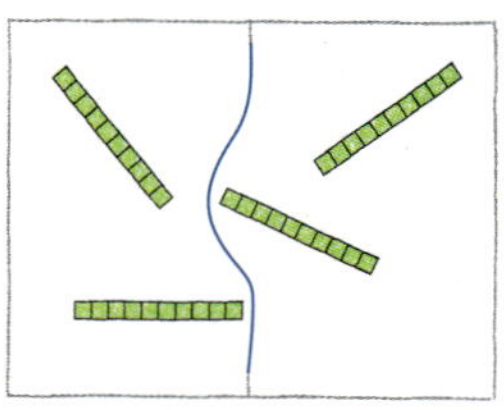

20 = 20

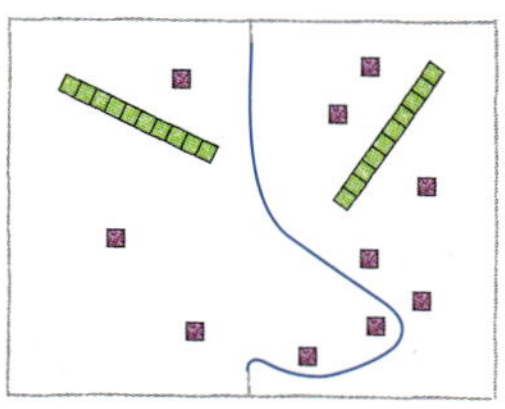

15 = 15

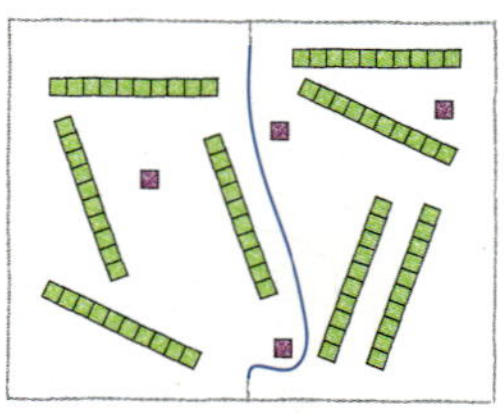

42 = 42

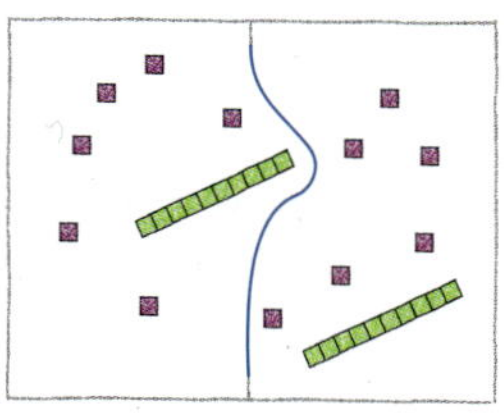

16 = 16

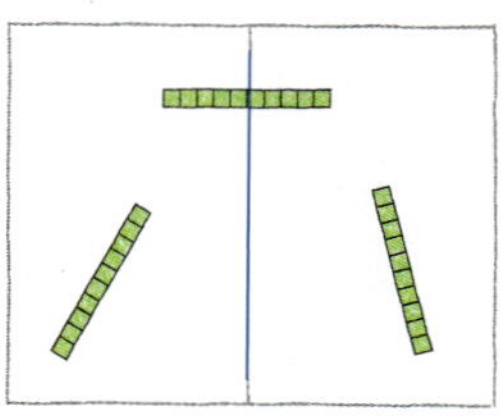

15 = 15

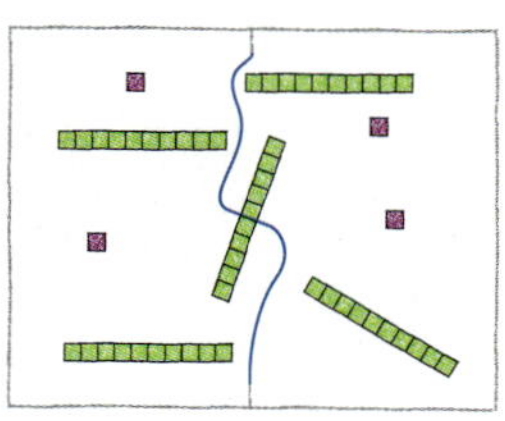

27 = 27

Feld mit einer Linie so teilen, dass die Anzahl rechts und links gleich ist und Lösung eintragen

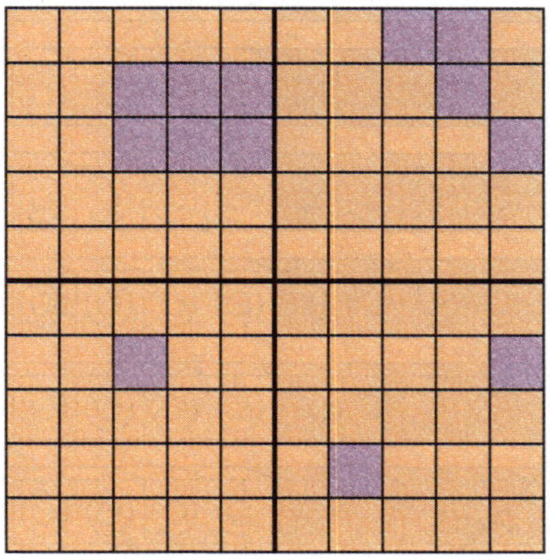

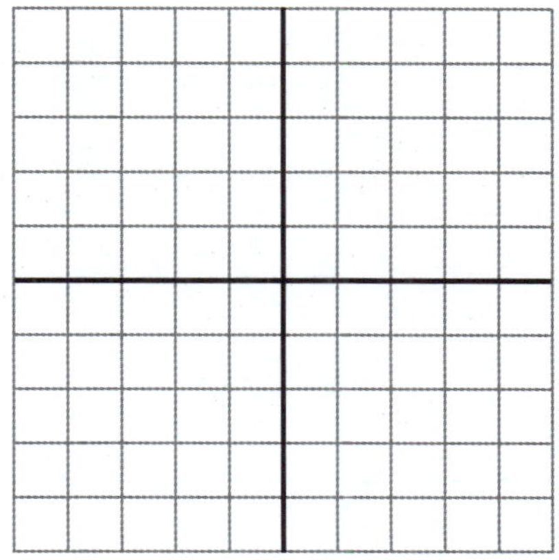

■ = 13 ■ = 87

■ = 25 ■ =

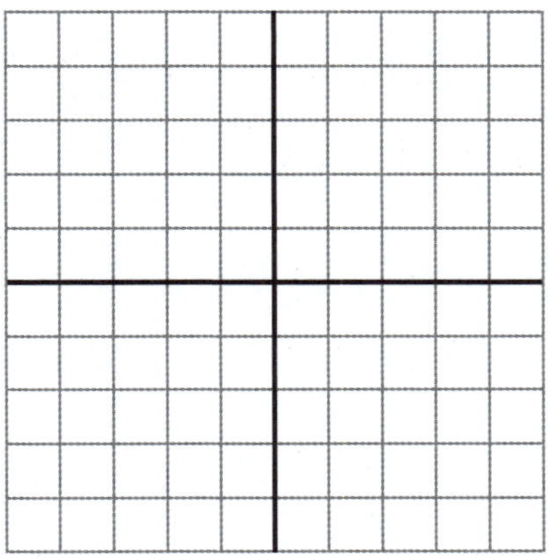

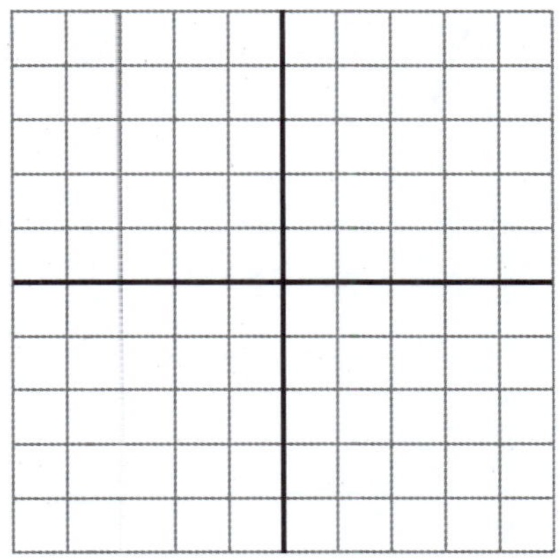

■ = ■ = 56

■ = ■ = 40

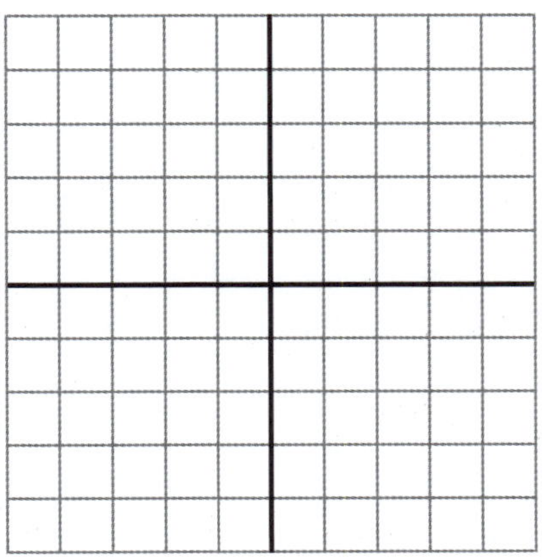

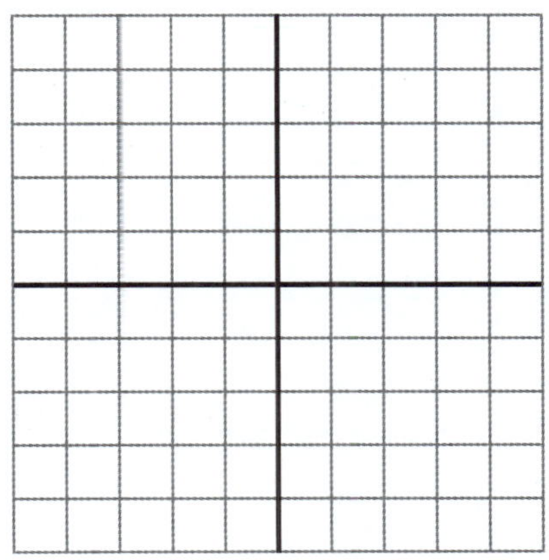

■ = 4 ■ =

■ = 92 ■ =

Kästchen entsprechend der Farbvorgabe anmalen und Anzahlen bestimmen
Wichtig: Strukturen von Kindern selbst entdecken lassen (nicht auf 10er-Strukturen hinweisen)

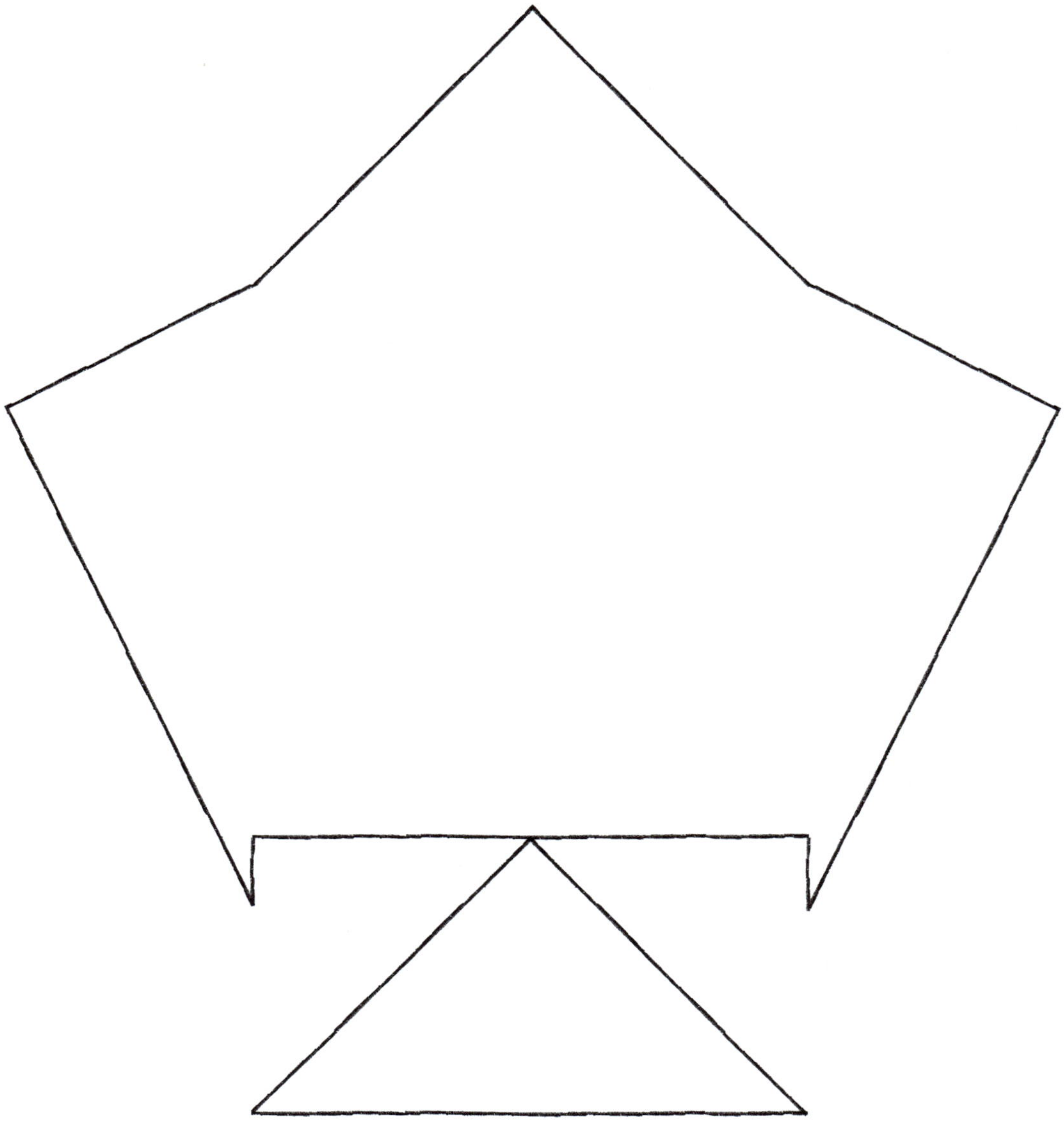

Figur mit geometrischen Formen (Beilage 1) auslegen und Lösung einzeichnen

vorher	Was passiert?	nachher
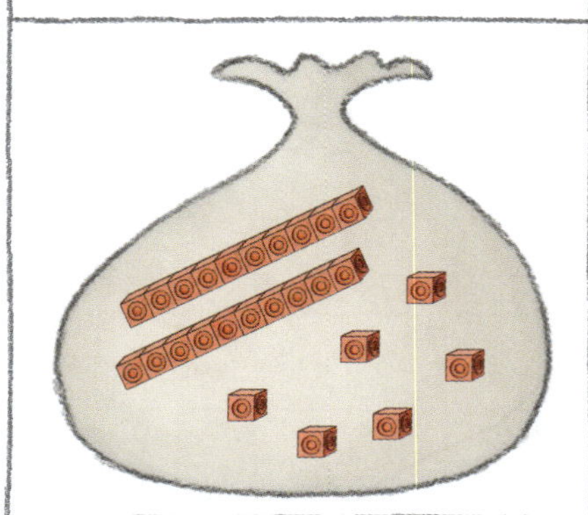	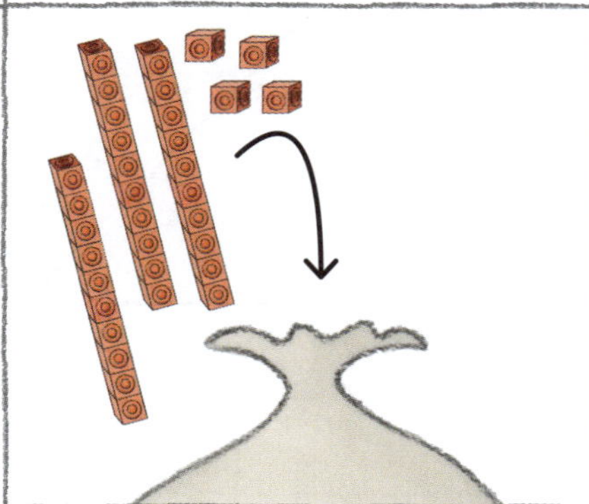	
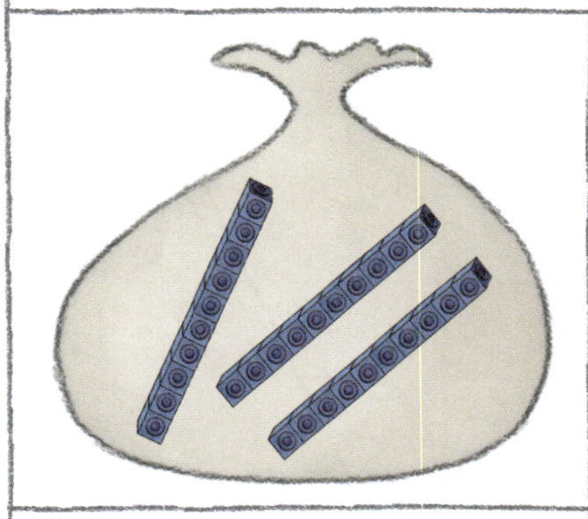		
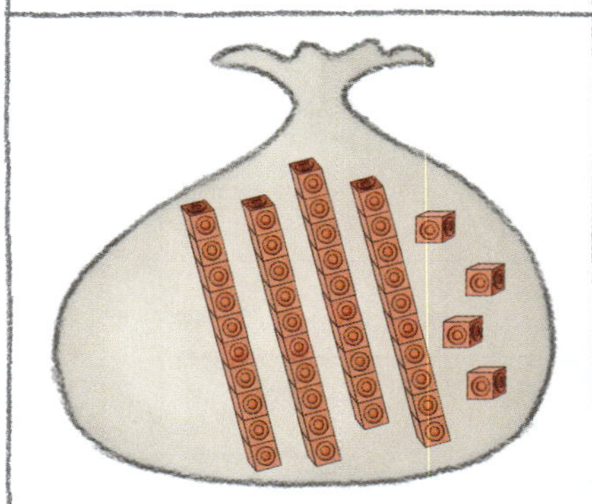	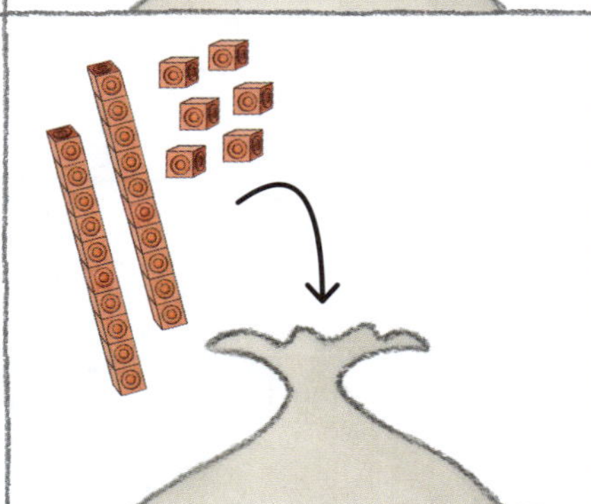	
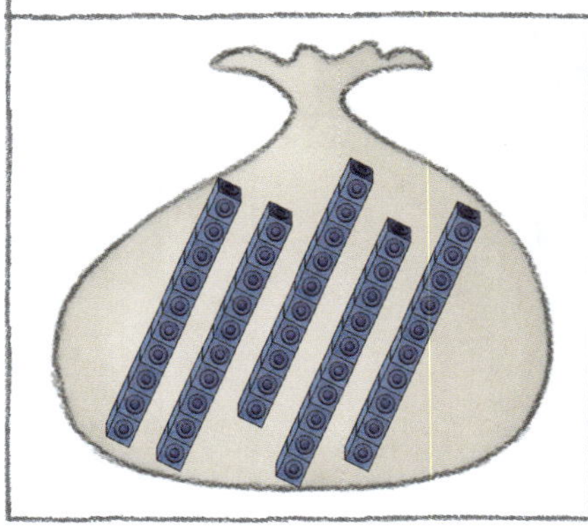	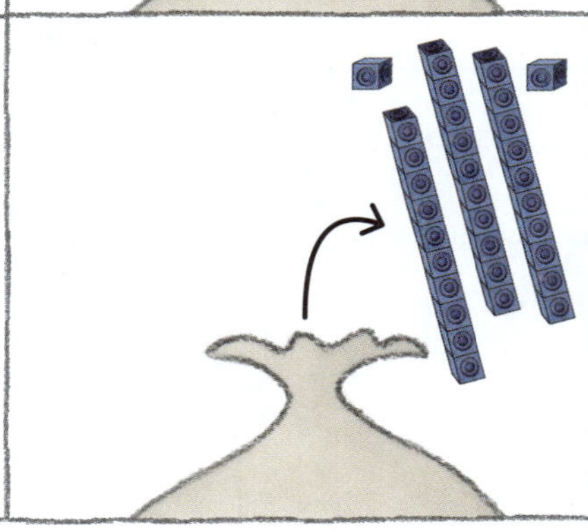	

Ergebnis der Handlung einzeichnen

Zur Überprüfung der Lösung die Handlung mit Steckwürfeln nachvollziehen

1, 2, 3

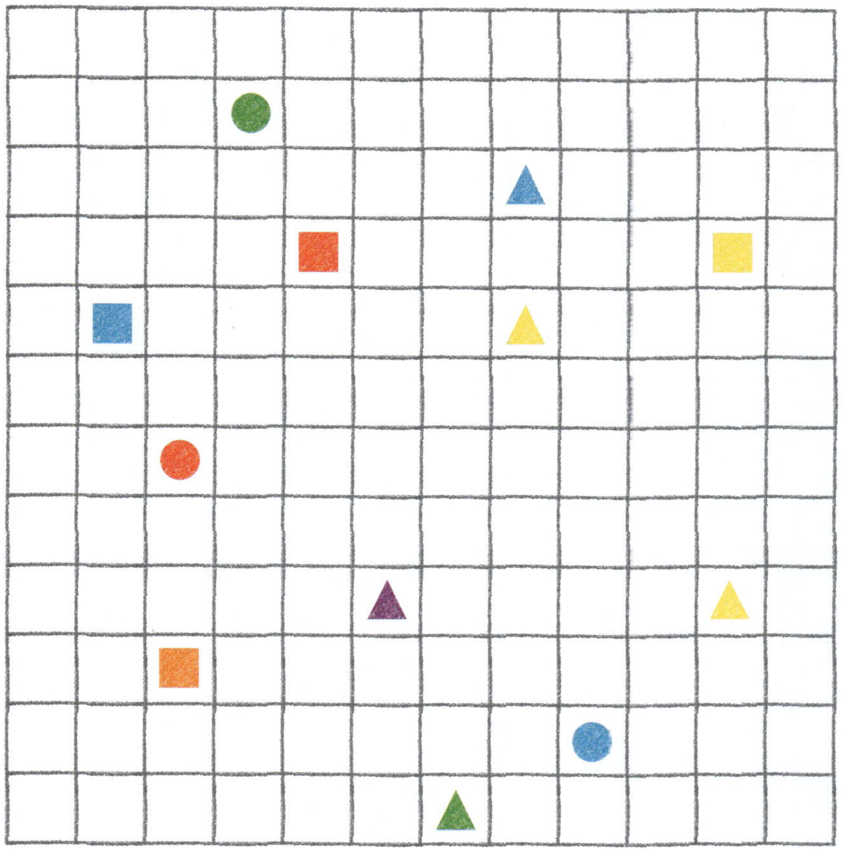

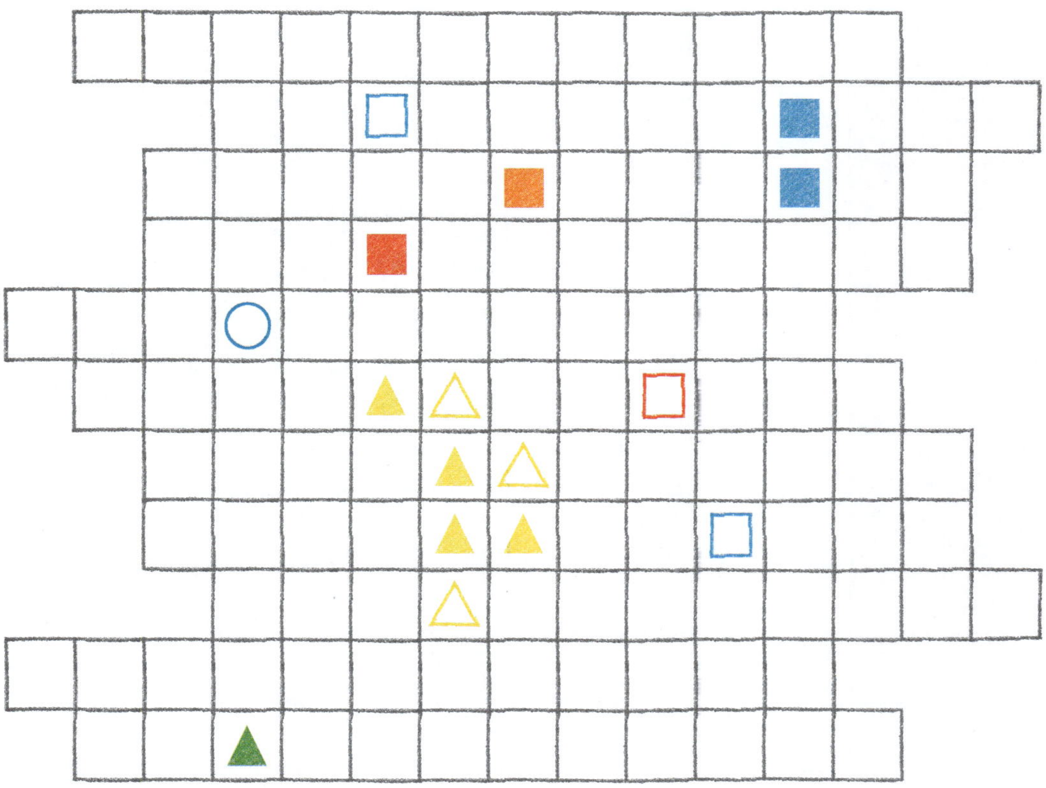

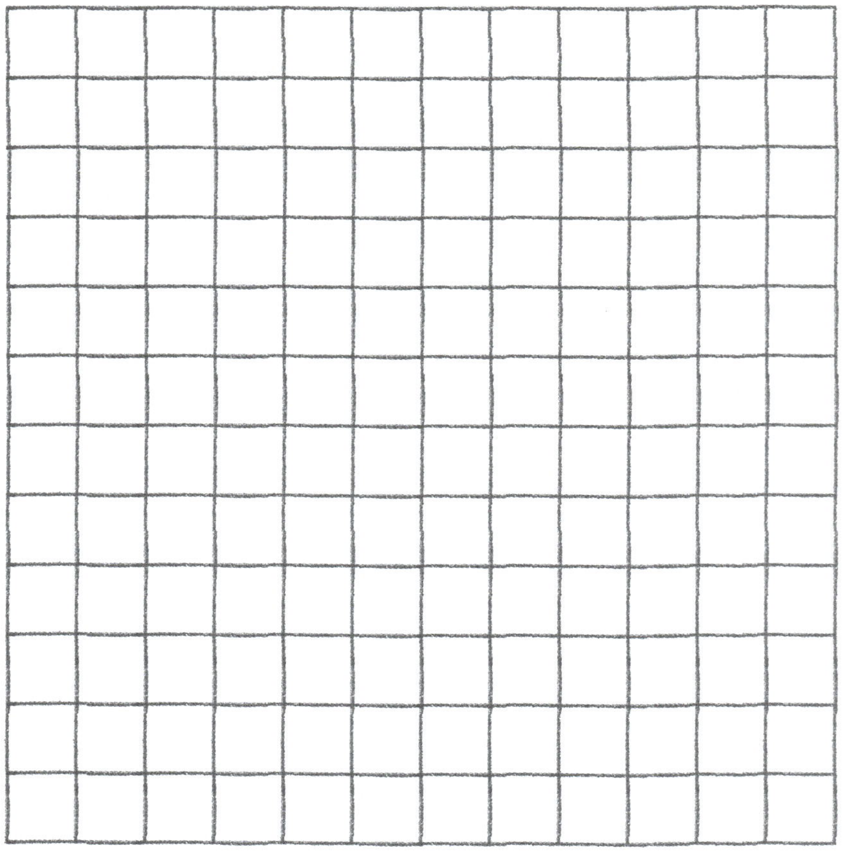

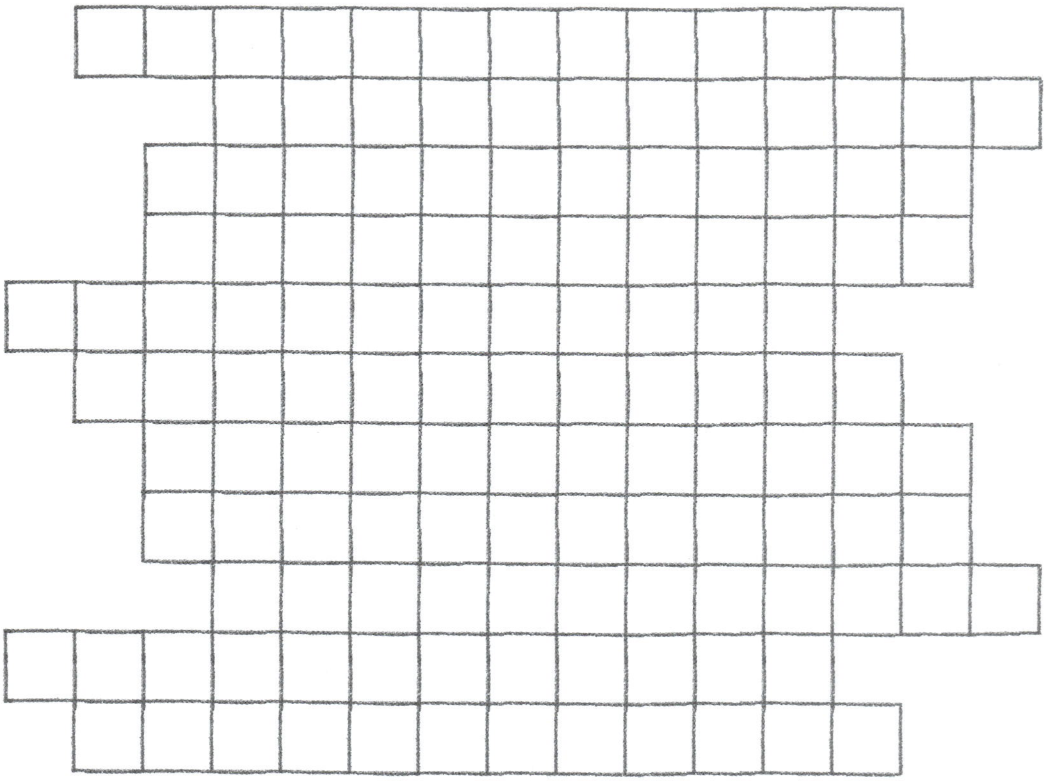

Symbole von Seite 37 an richtiger Stelle eintragen

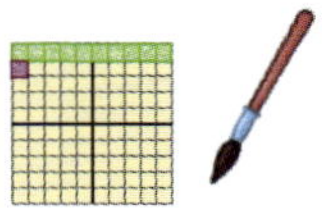

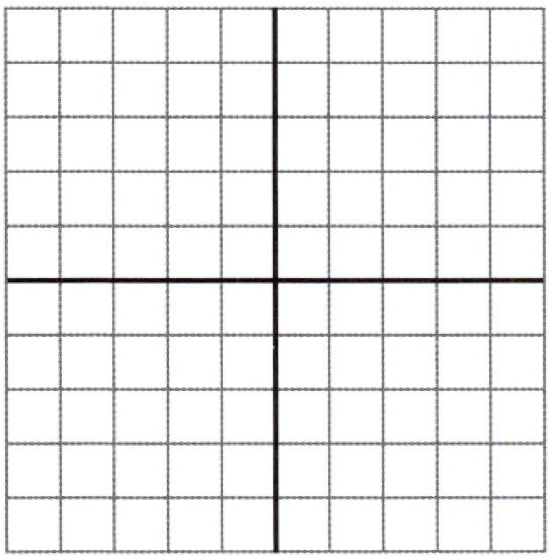

45 + 12 =

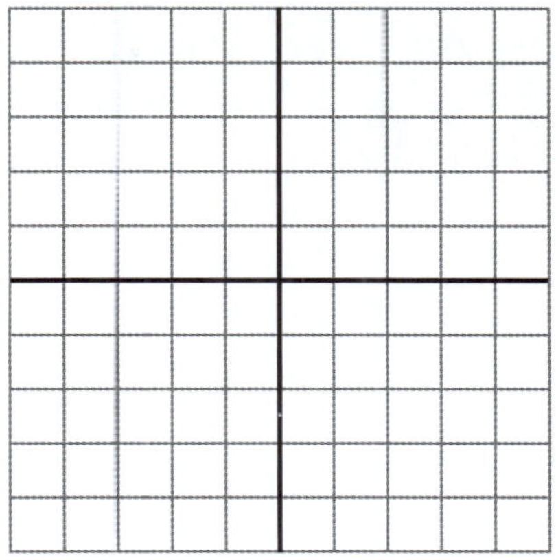

55 + 15 =

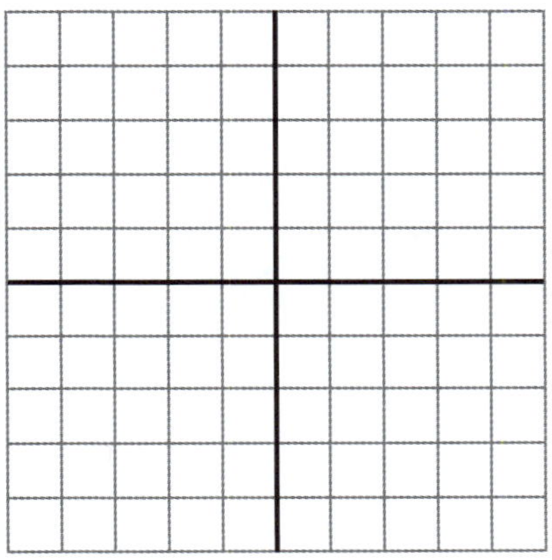

42 + 17 =

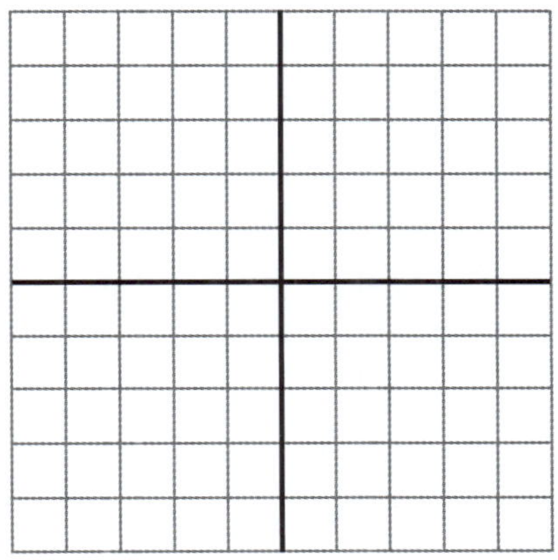

60 + 28 =

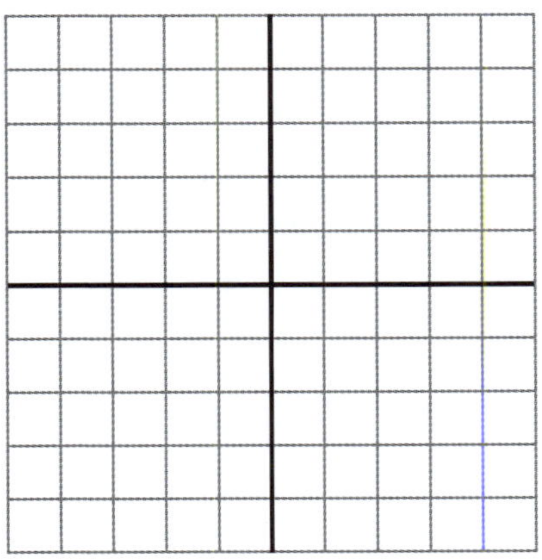

72 + 13 =

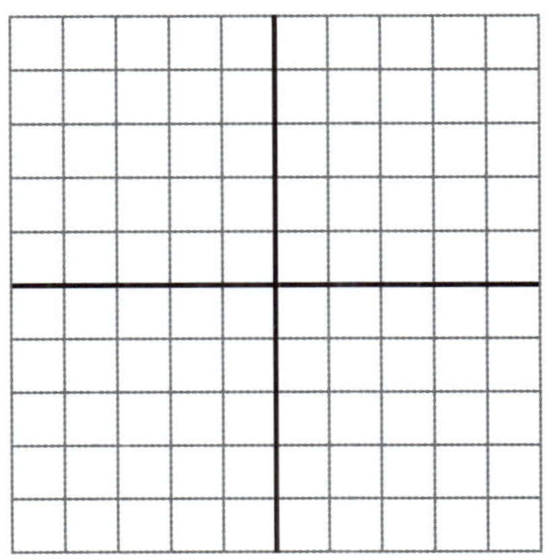

48 + 12 =

Aufgaben mit Material (Beilage 1 und 2) legen, einzeichnen und lösen

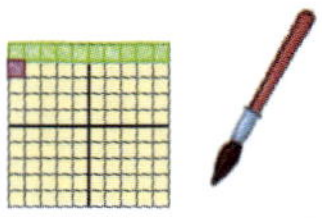

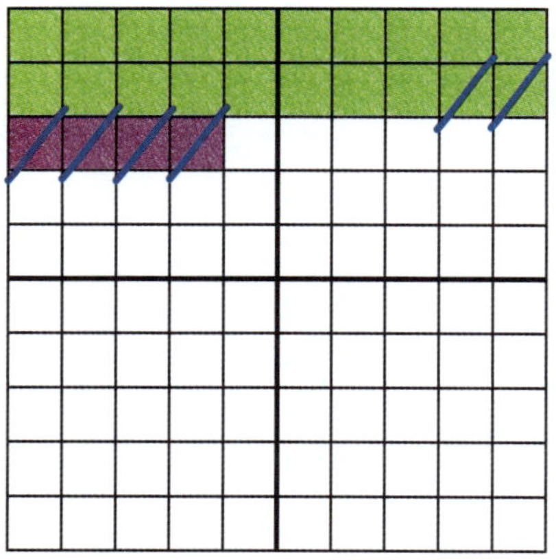

24 − 6 = 18

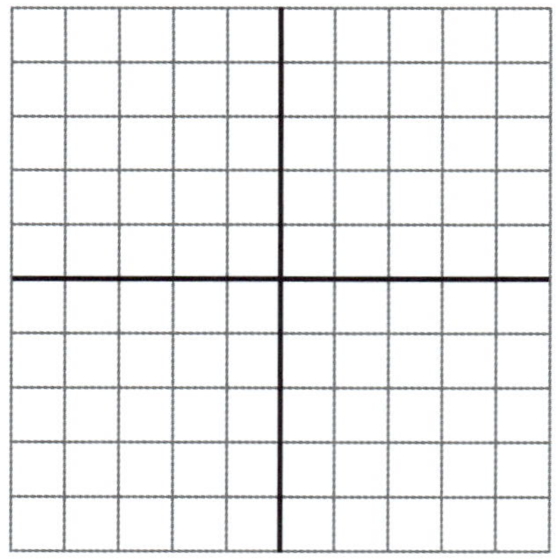

30 − 7 =

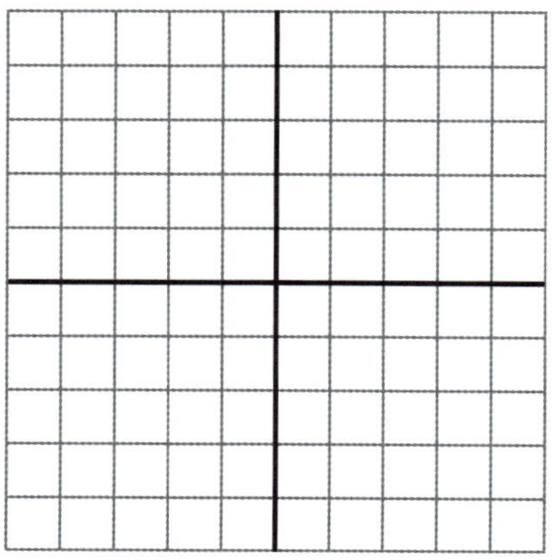

48 − 4 =

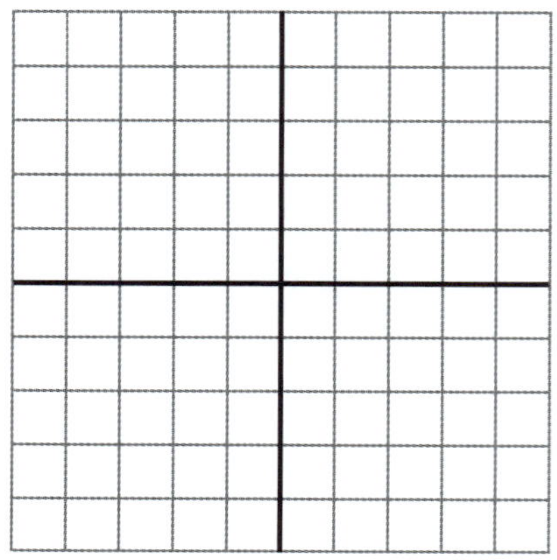

76 − 5 =

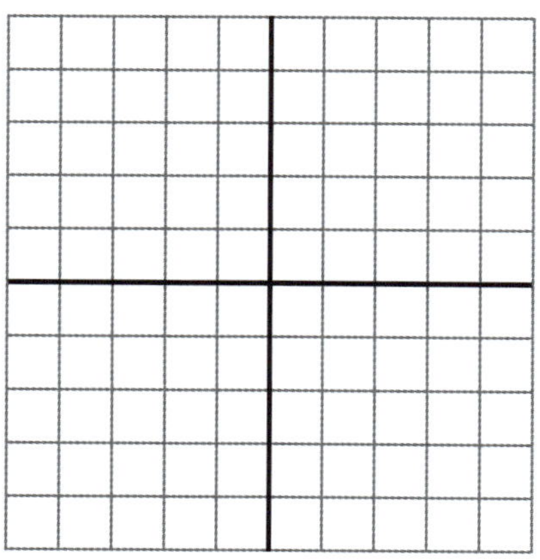

34 − 2 =

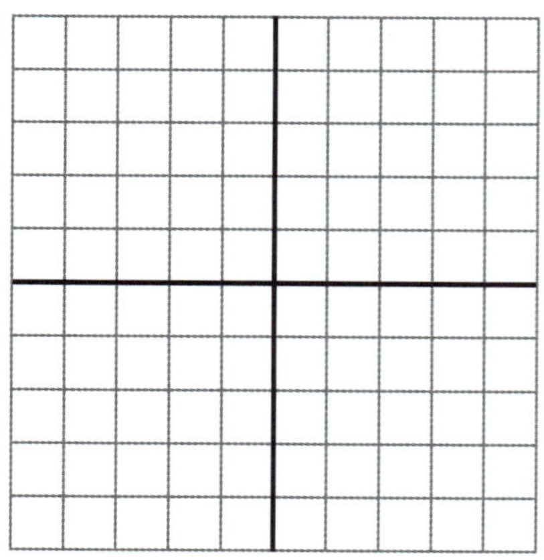

88 − 6 =

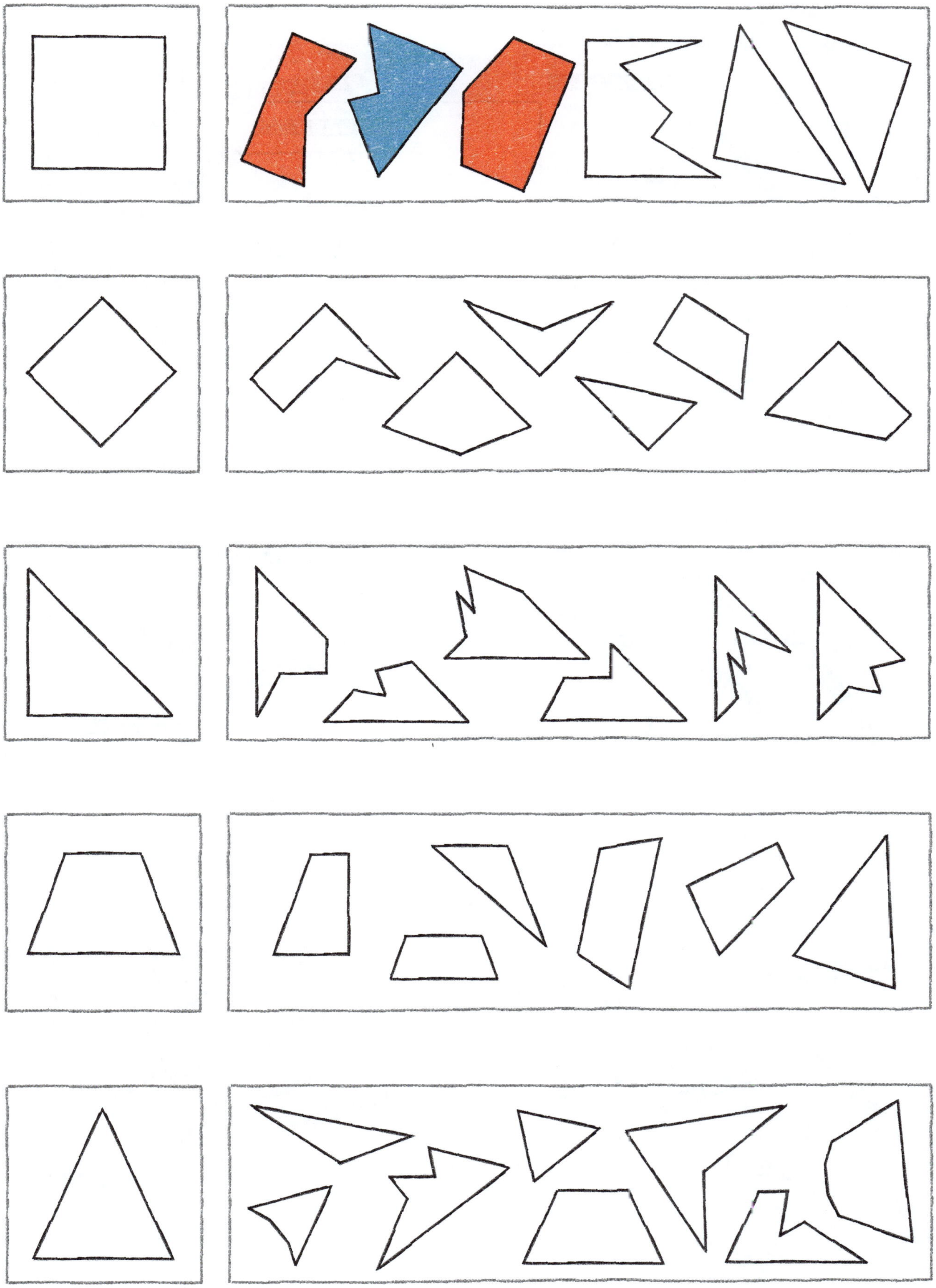

Zusammengehörende Teile in der gleichen Farbe anmalen

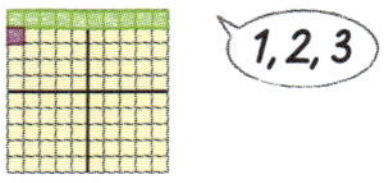
1, 2, 3

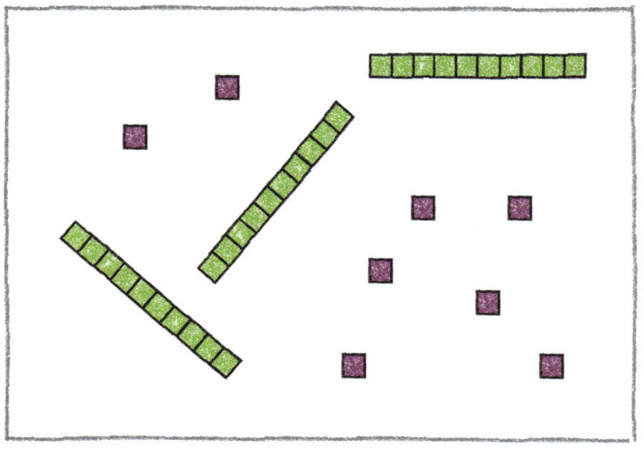

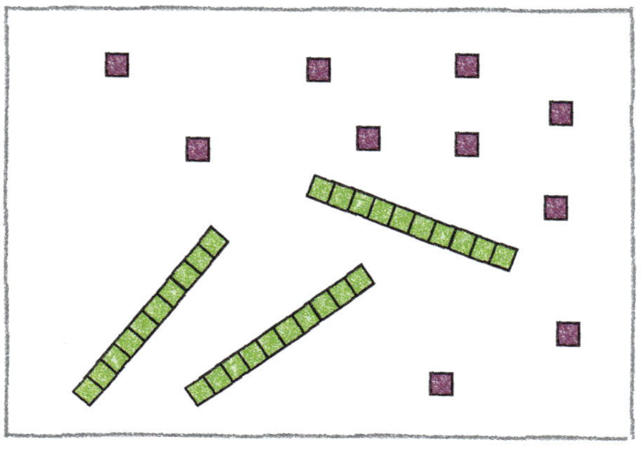

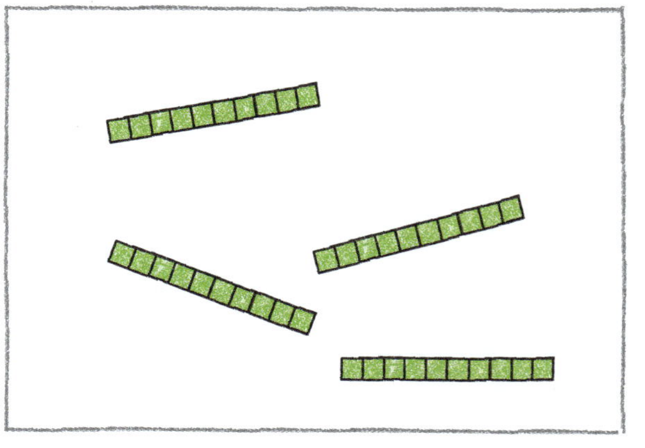

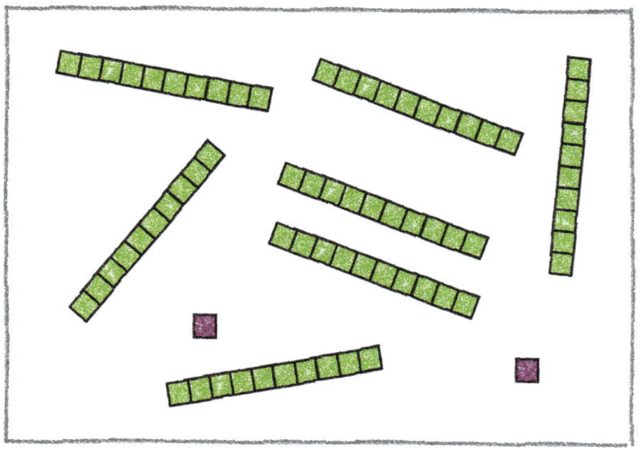

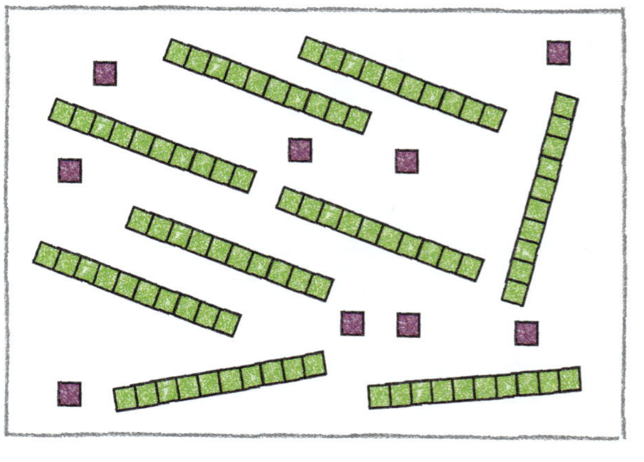

Meine Schulsachen		
	1	3
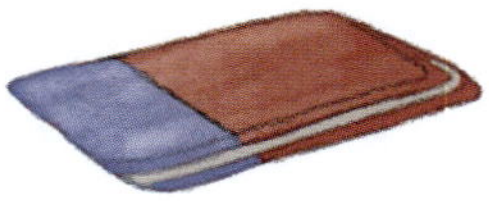		

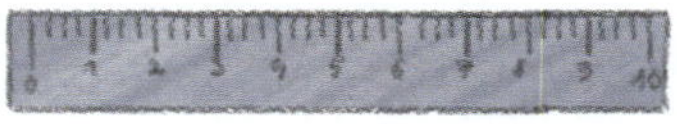		

Reale Gegenstände mit Zehnern und Einern ausmessen und Lösung in Tabelle eintragen

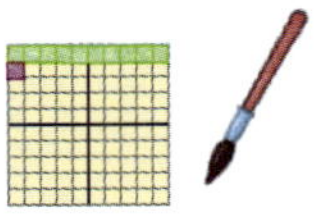

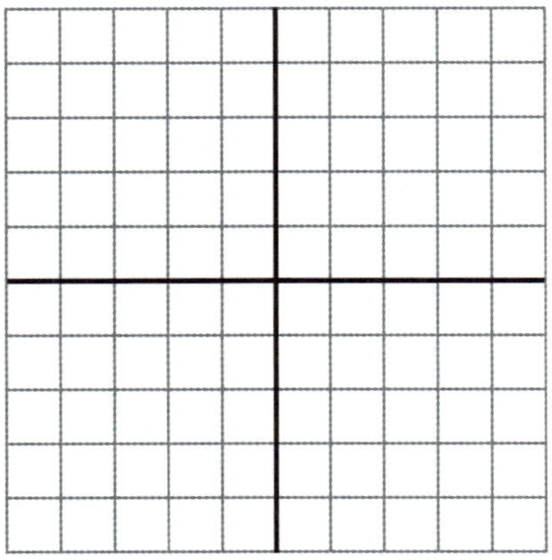

28 + 15 =

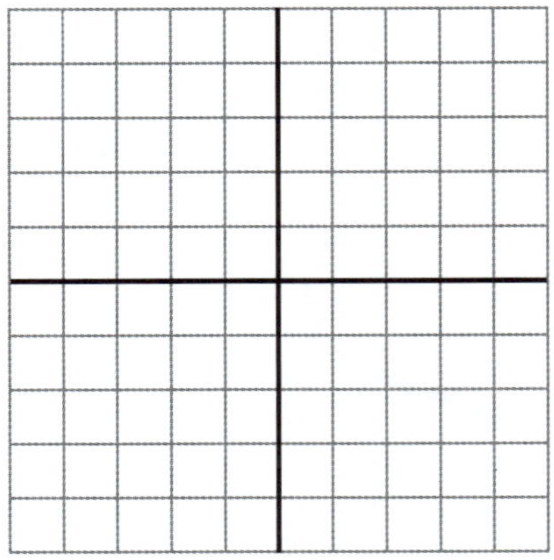

53 + 18 =

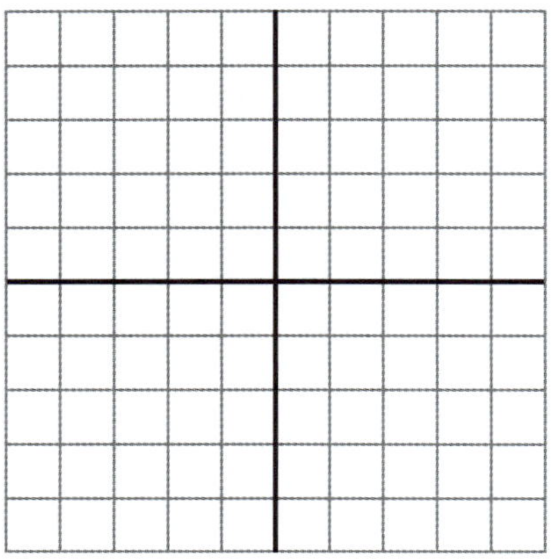

66 + 33 =

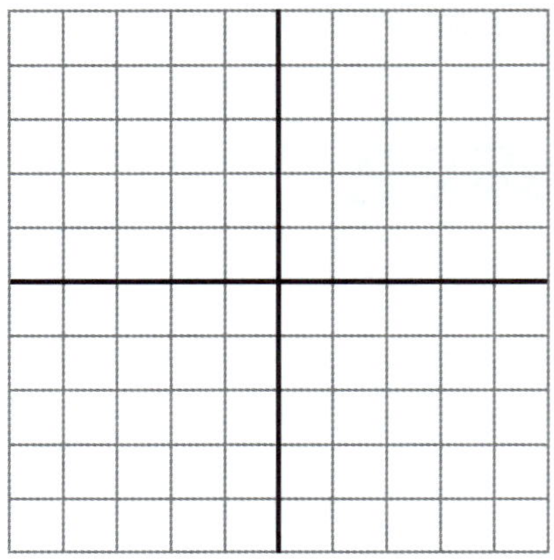

87 + 12 =

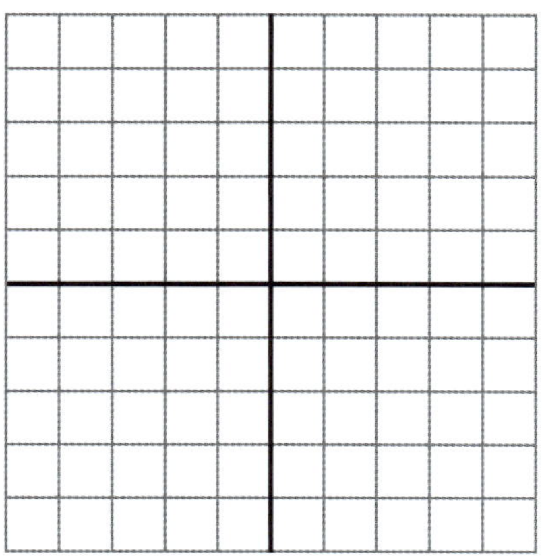

29 + 48 =

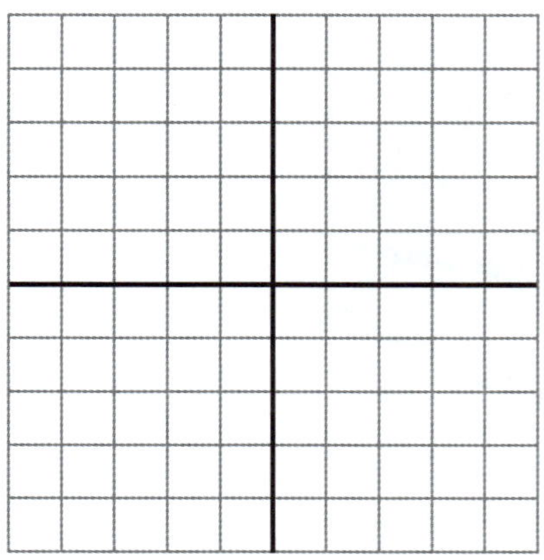

65 + 27 =

Aufgaben mit Material (Beilage 1 und 2) legen, einzeichnen und lösen

1, 2, 3

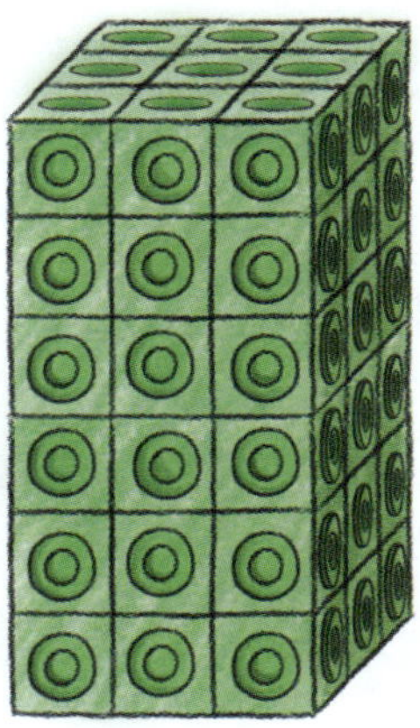

Anzahl der Steckwürfel ermitteln und eintragen
Zur Überprüfung der Lösung Figuren mit Steckwürfeln nachbauen

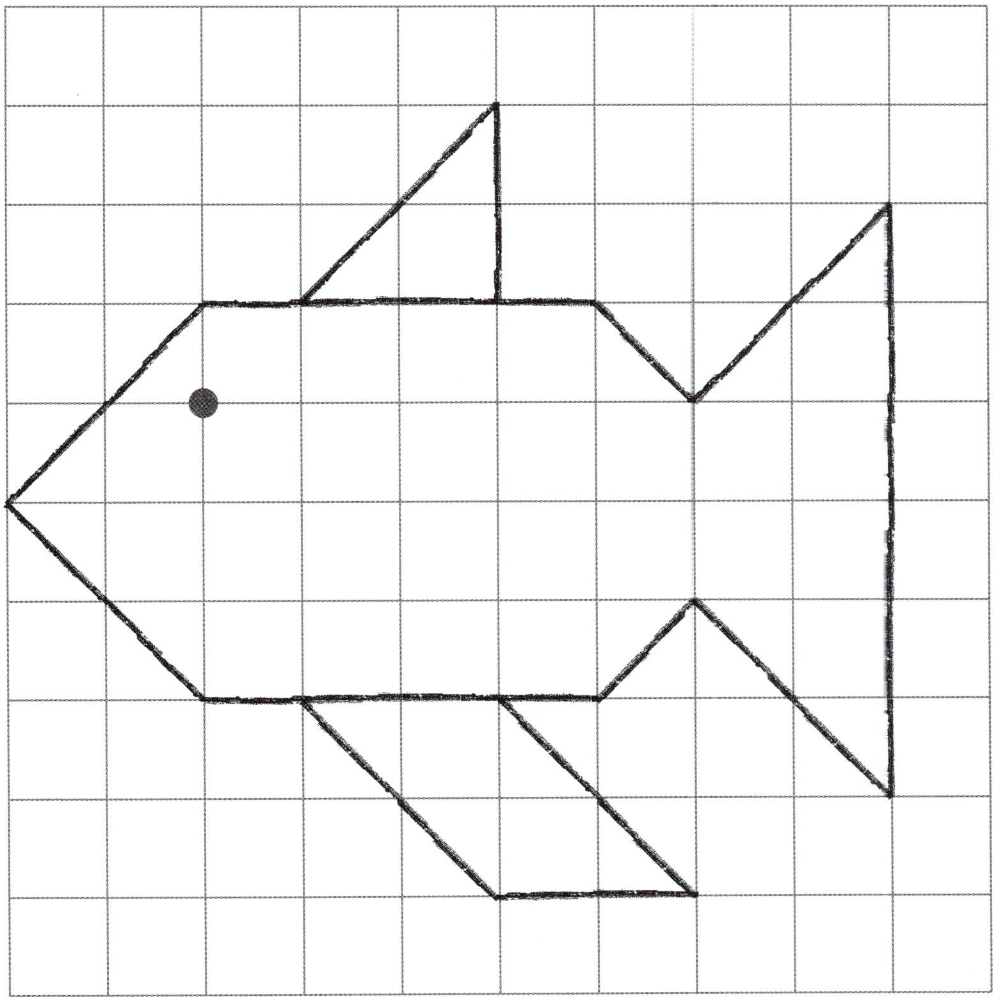

25

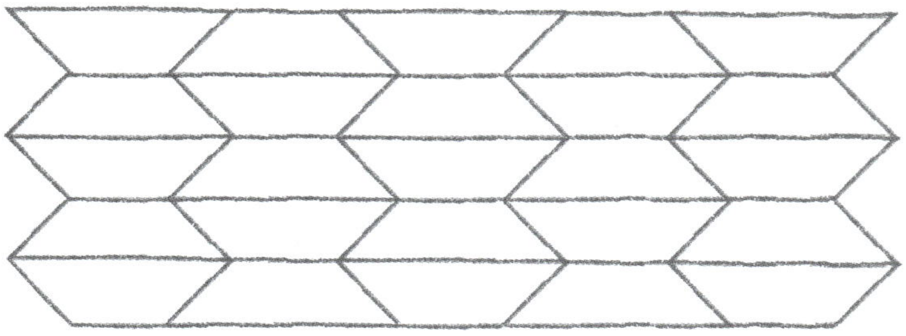

42

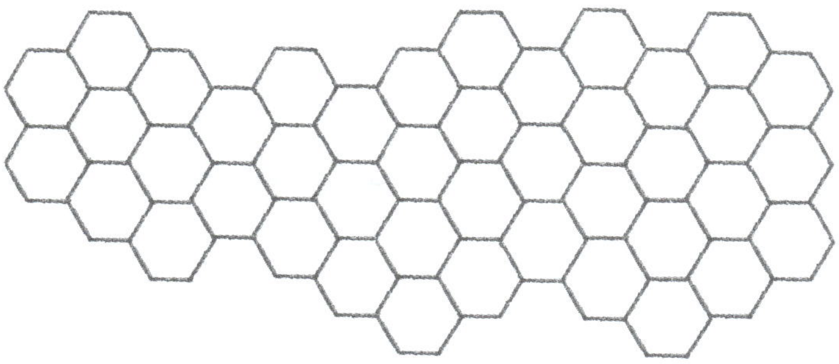

36

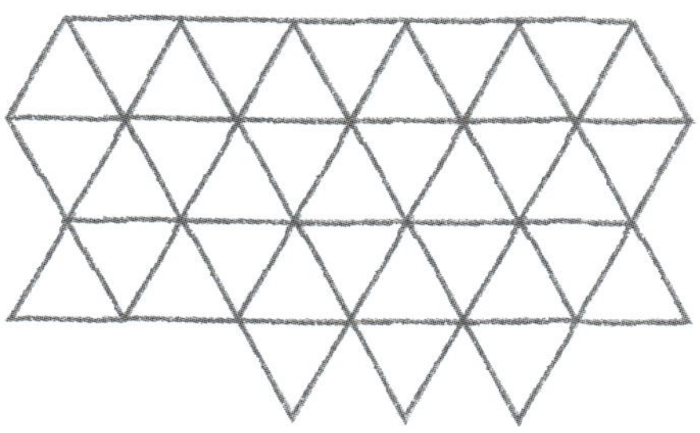

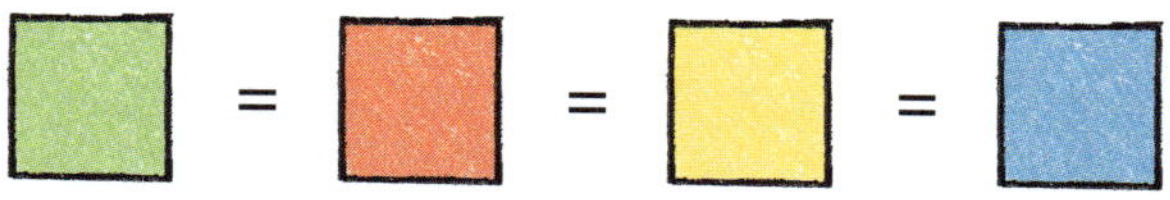

Felder in gleich große Teile unterteilen, farblich markieren und Lösung eintragen

1, 2, 3

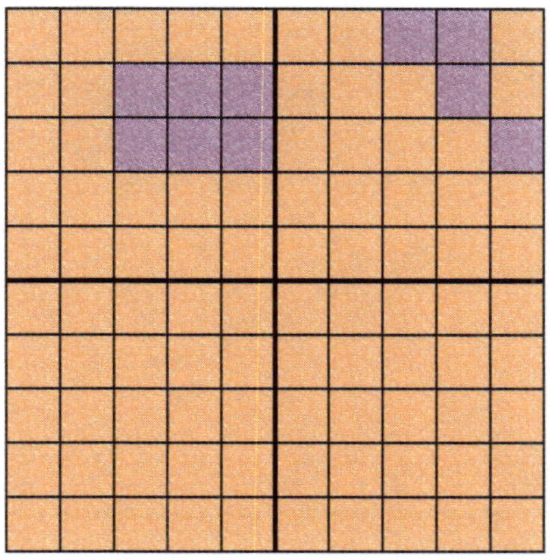

□ =   □ =

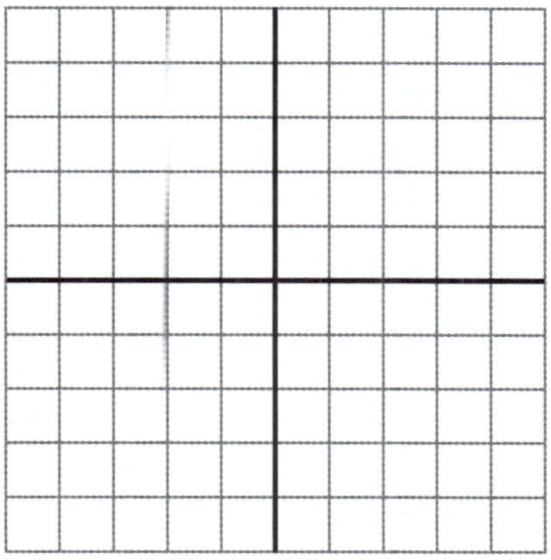

□ = 11   □ =

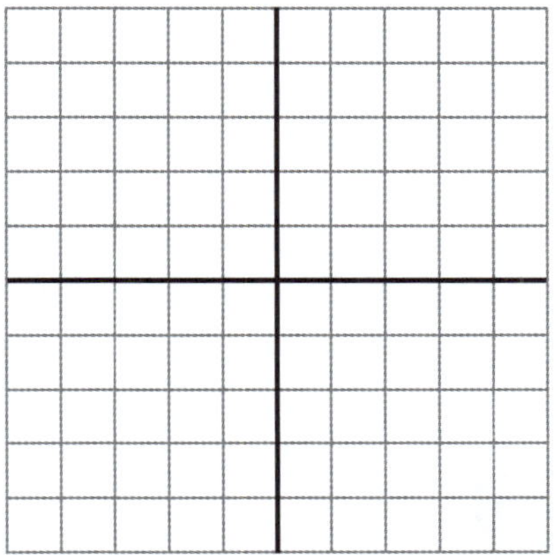

□ =   □ = 75

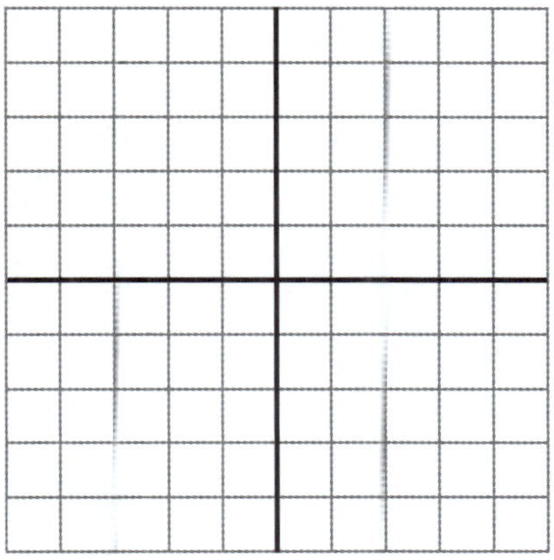

□ =   □ = 34

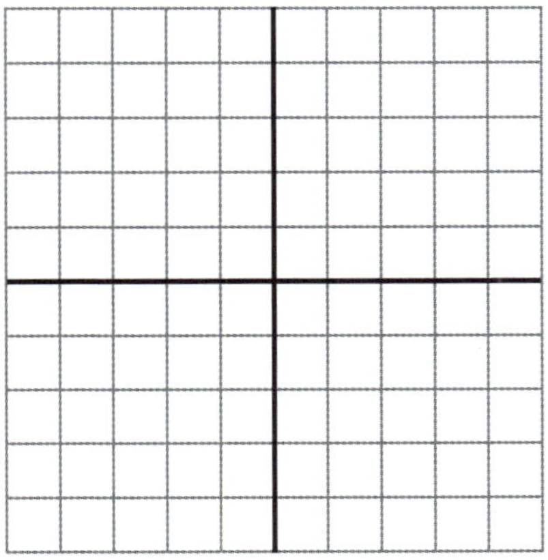

□ = 9   □ =

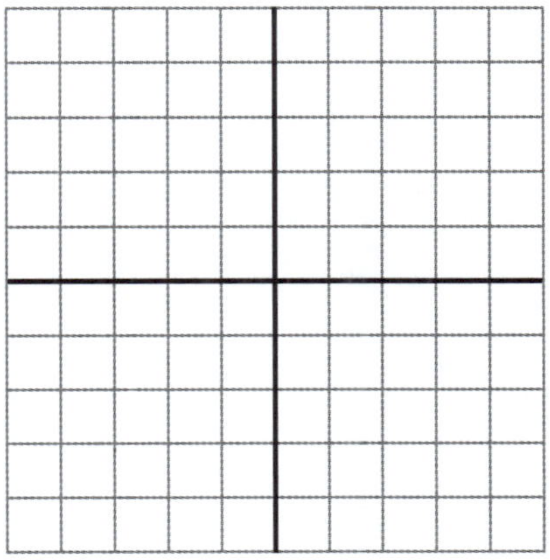

□ = 81   □ =

Kästchen entsprechend der Farbvorgabe anmalen und Anzahlen bestimmen
Wichtig: Strukturen von Kindern selbst entdecken lassen (nicht auf 10er-Strukturen hinweisen)

Wie viele?	Wovon?	Insgesamt
5	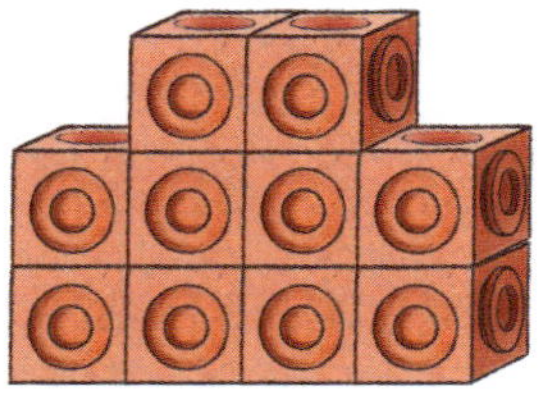	
	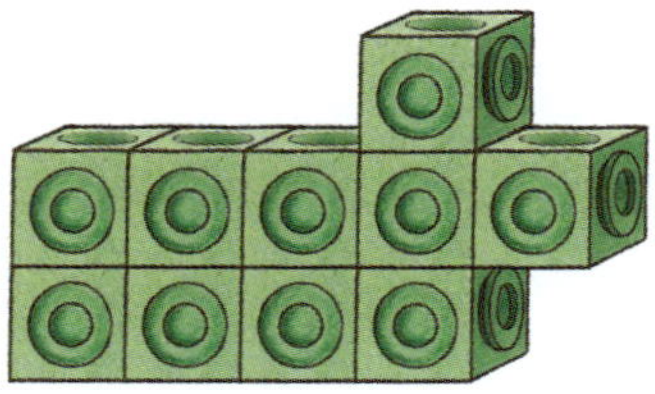	30
		54
7		
6		60
5		30

Tabelle vervollständigen (Multiplikator ermitteln, Würfelgebäude zeichnen, Gesamtanzahl der Würfel berechnen) Zur Überprüfung der Lösung Figuren mit Steckwürfeln nachbauen

1, 2, 3

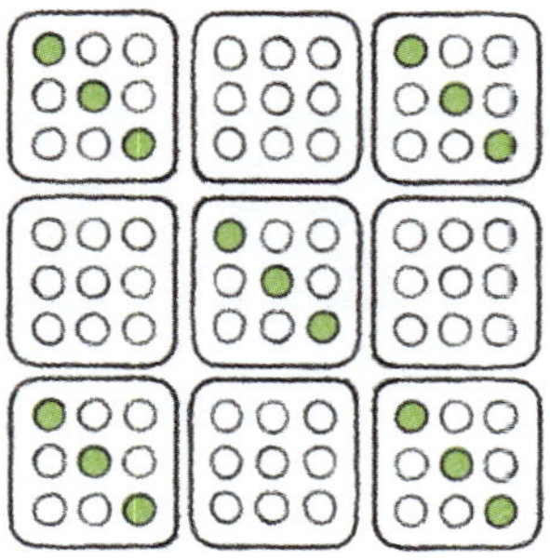

5 · 3 =

· =

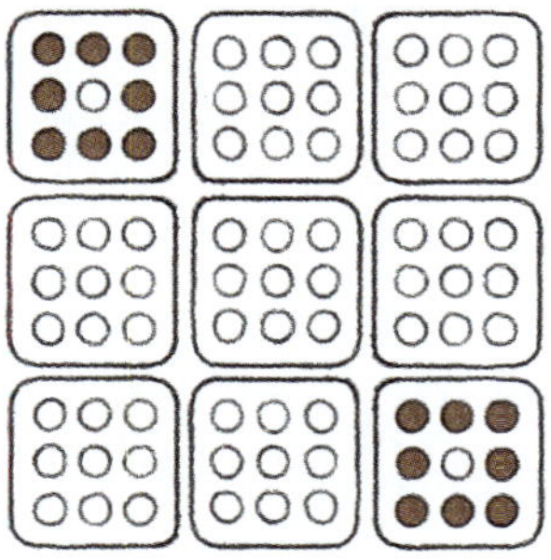

· =

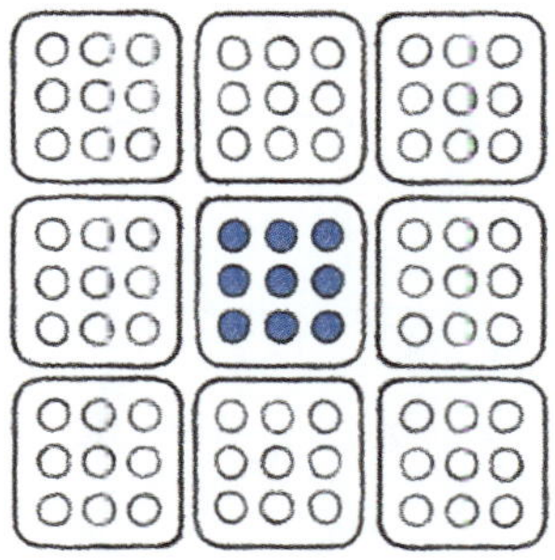

· =

· =

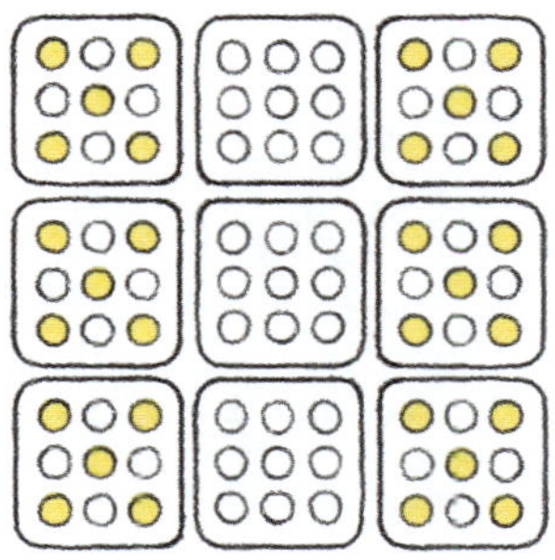

· =

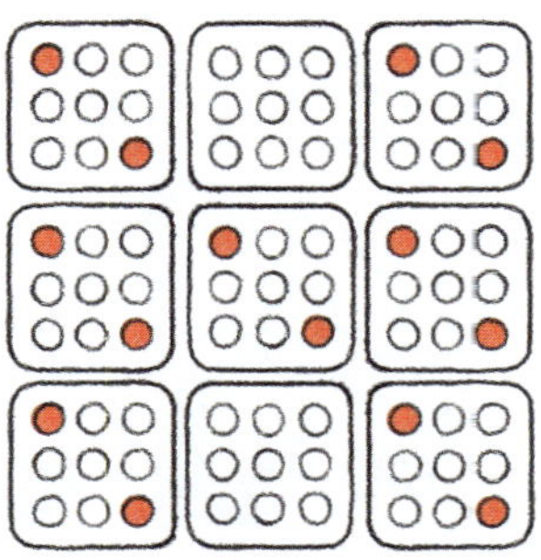

· =

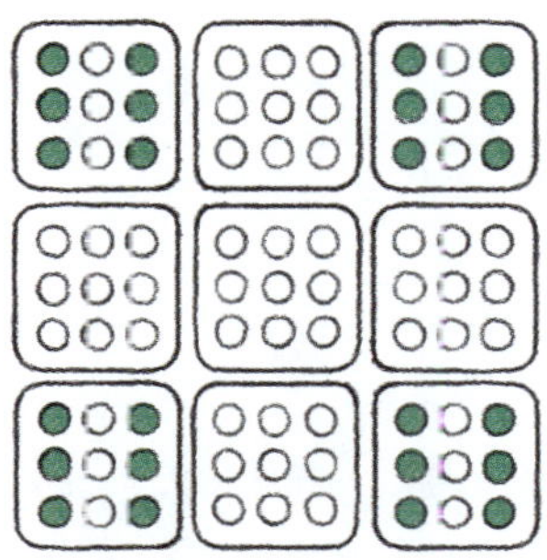

· =

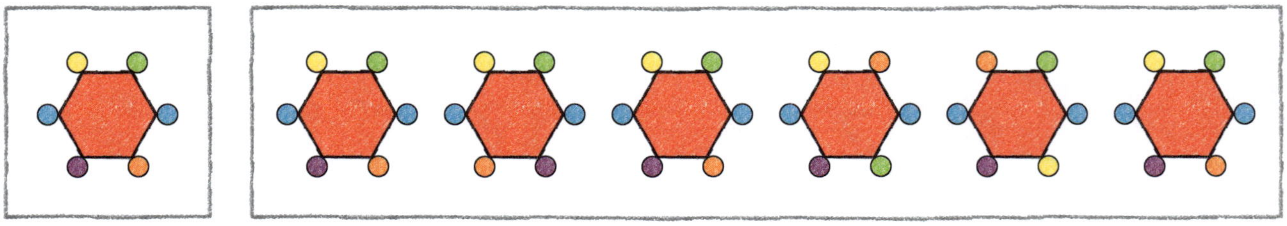

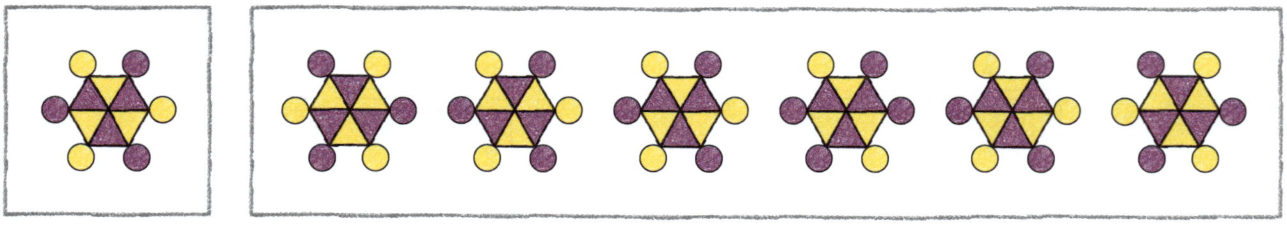

Gleiche Figuren einkreisen, die anderen durchstreichen

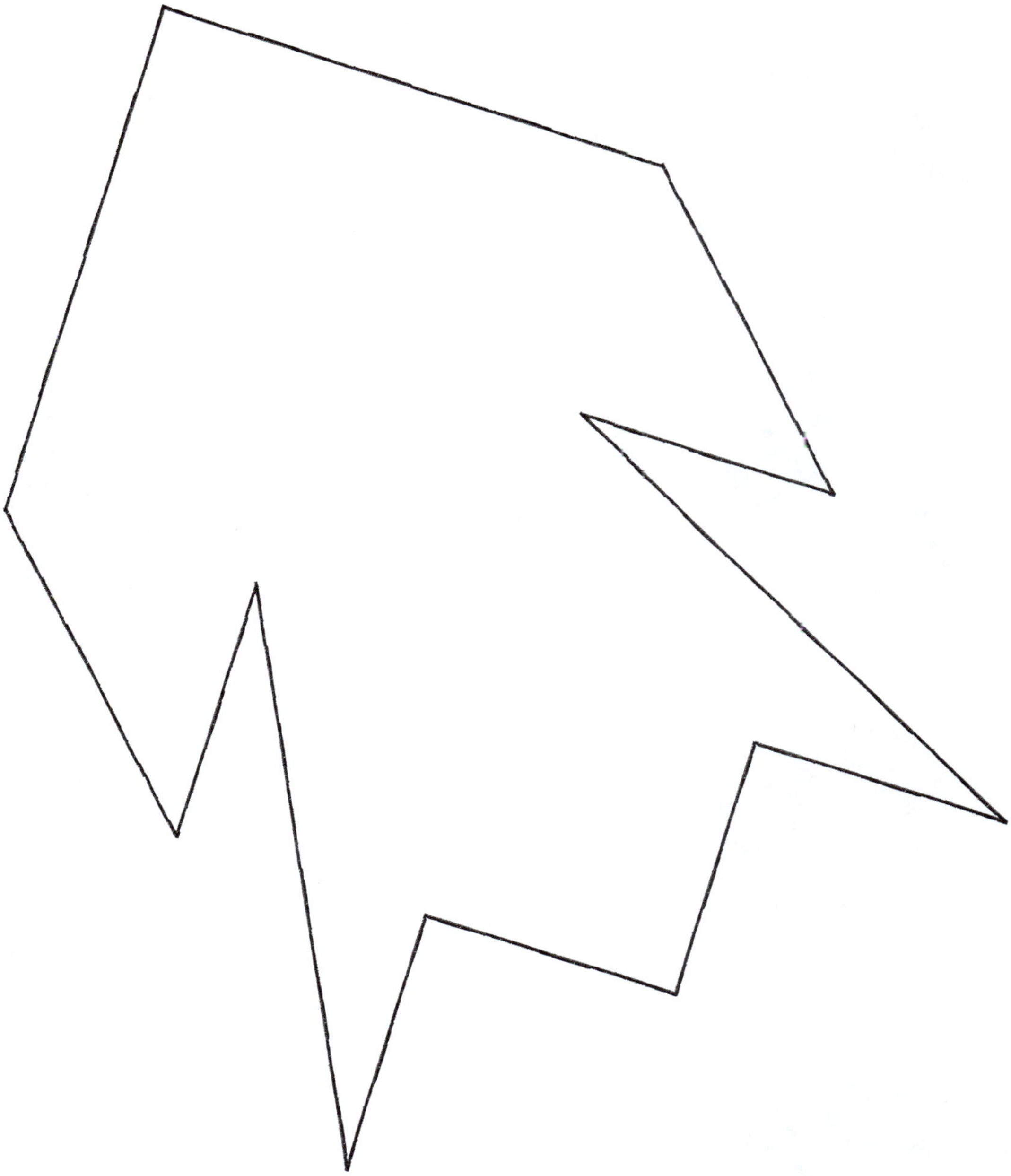

Figur mit geometrischen Formen (Beilage 1) auslegen und Lösung einzeichnen

vorher	Was passiert?	nachher

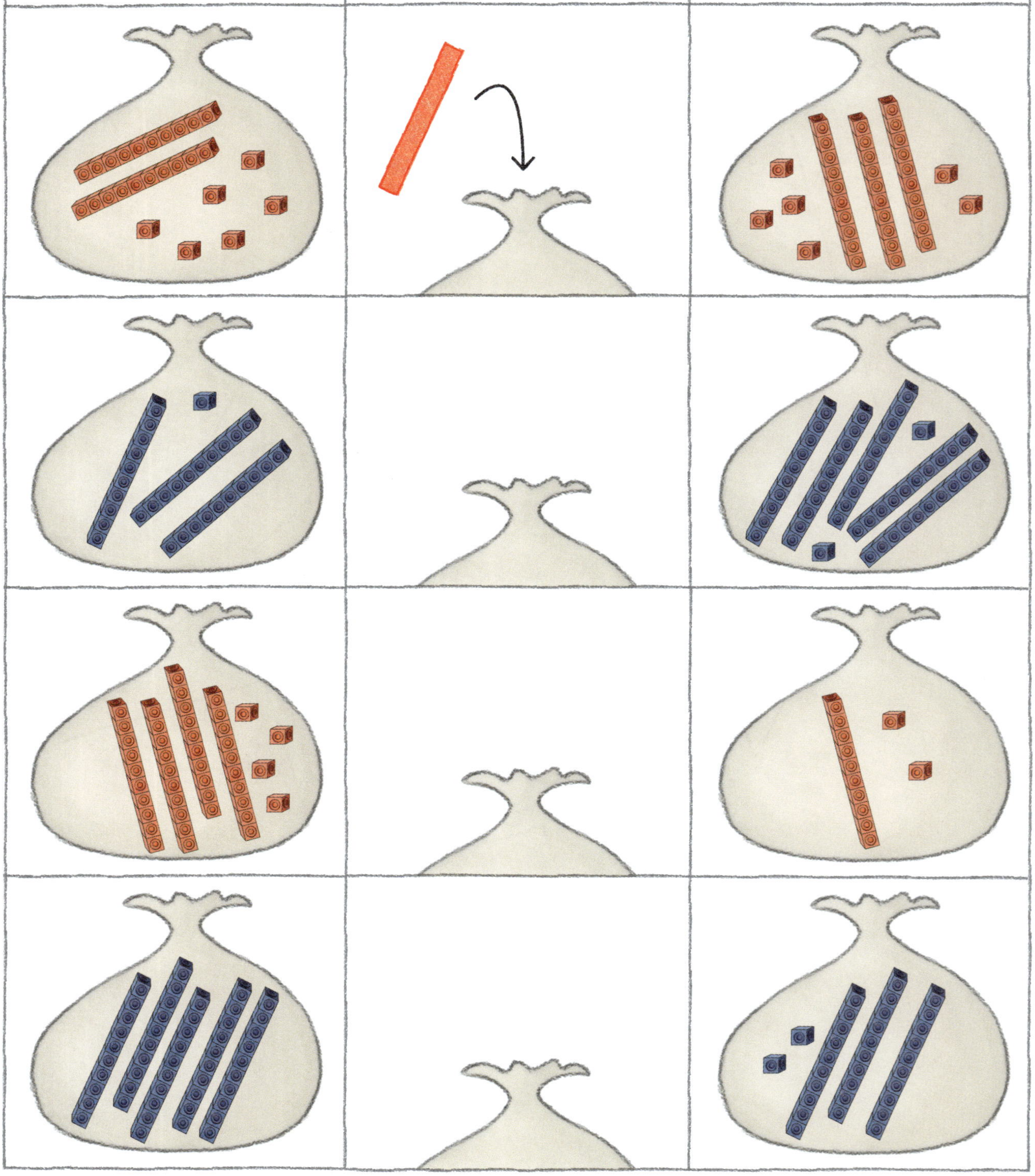

Handlung einzeichnen

Zur Überprüfung der Lösung die Handlung mit Steckwürfeln nachvollziehen

$4 \cdot 5$

$5 \cdot 6$

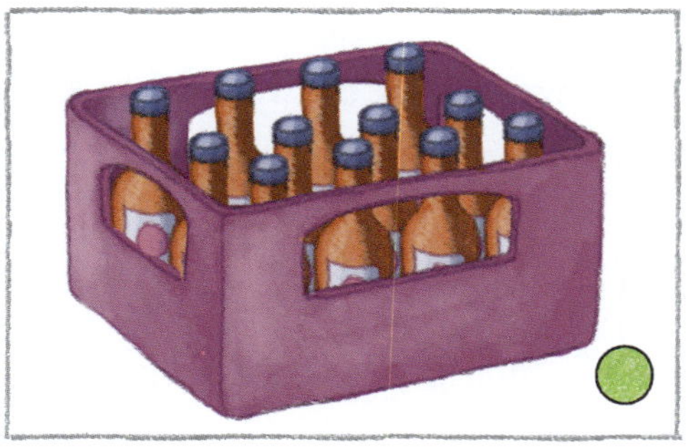

$2 \cdot 6$

$7 \cdot 2$

$3 \cdot 4$

$6 \cdot 2$

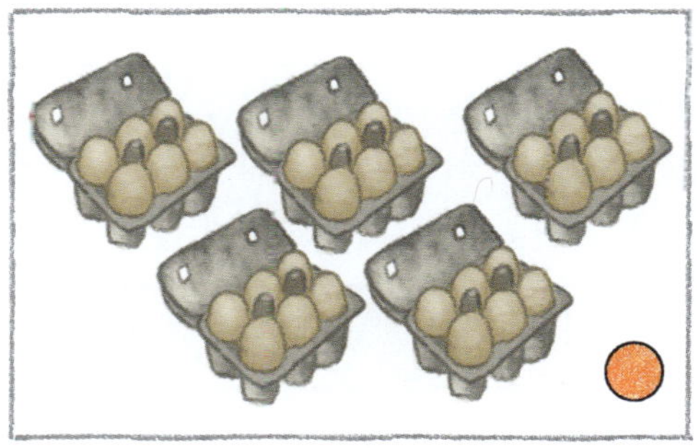

$3 \cdot 7$

$3 \cdot 9$

$5 \cdot 5$

$10 \cdot 4$

Bilder richtiger Malaufgabe zuordnen und in entsprechender Farbe anmalen

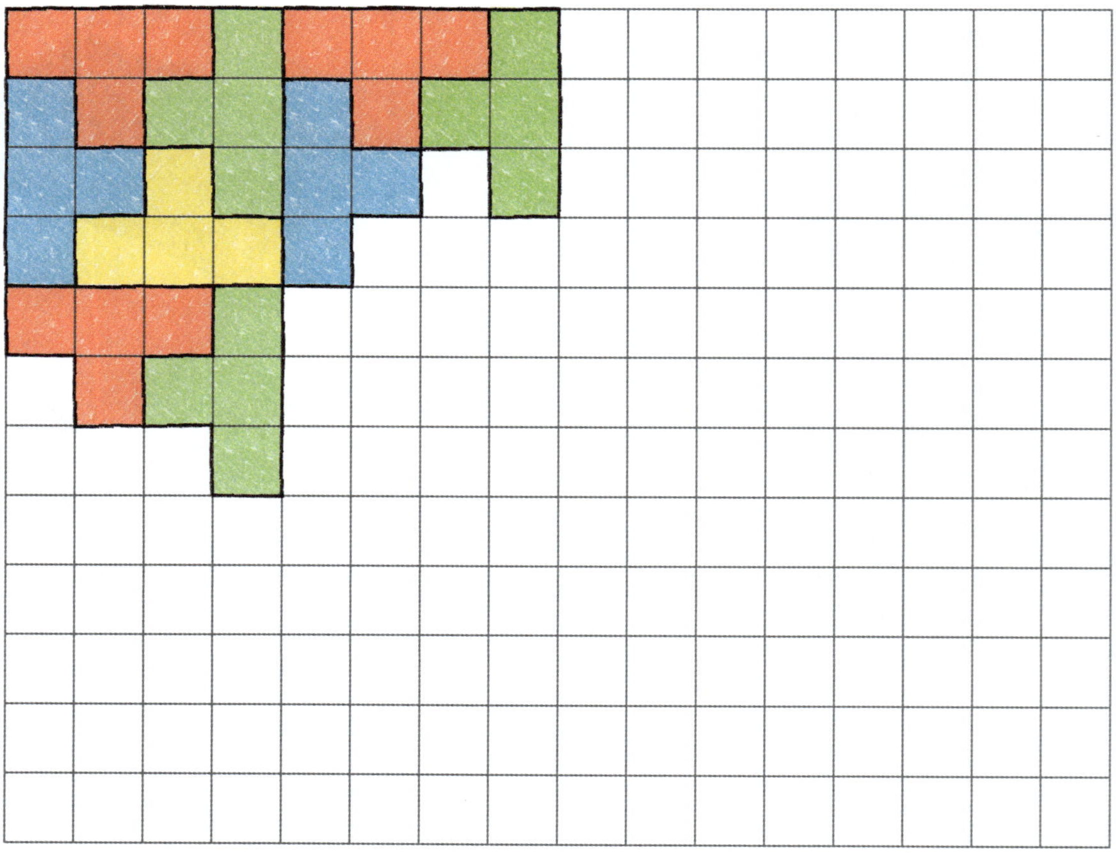

1, 2, 3

___ · ___ = ___

___ · ___ = ___

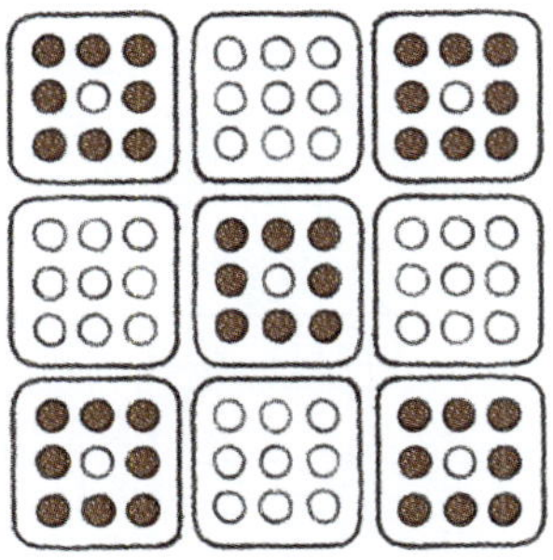

___ · ___ = ___

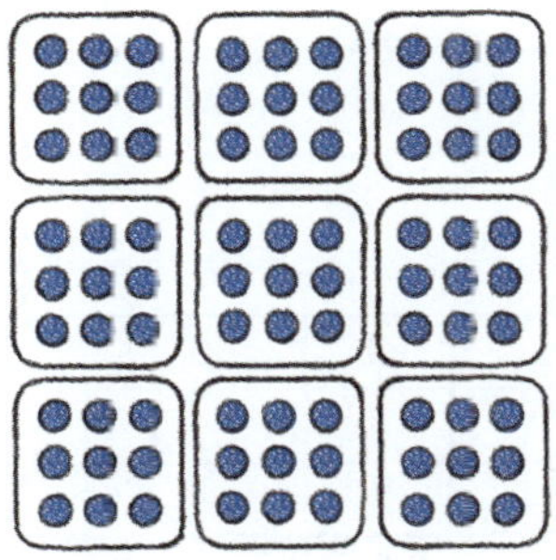

___ · ___ = ___

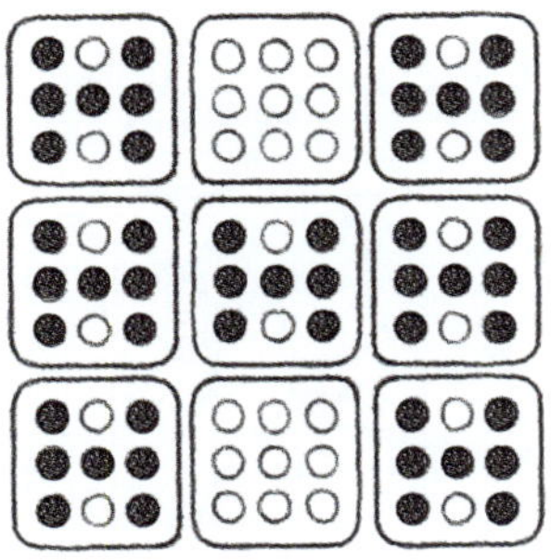

___ · ___ = ___

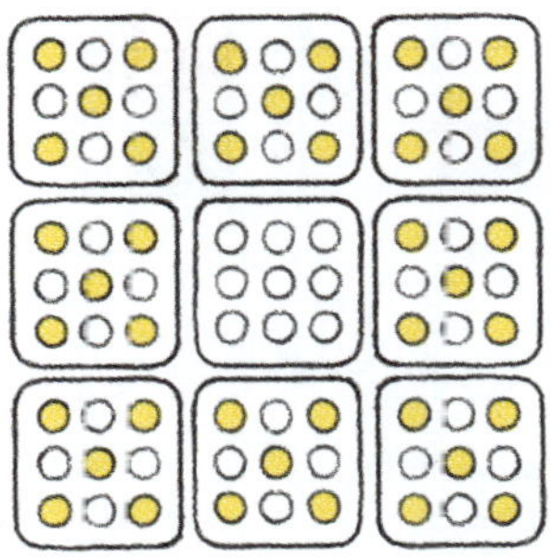

___ · ___ = ___

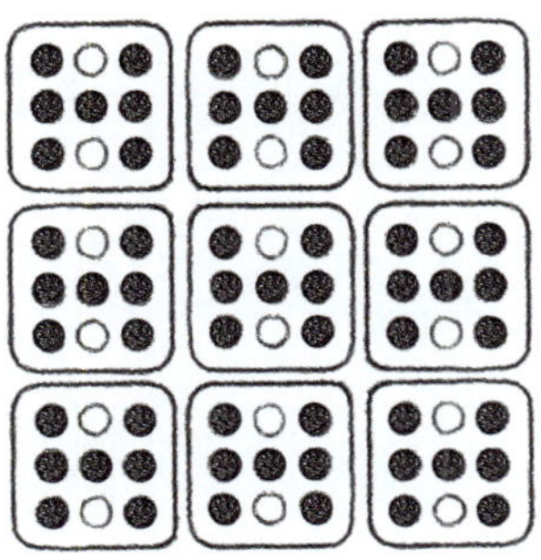

___ · ___ = ___

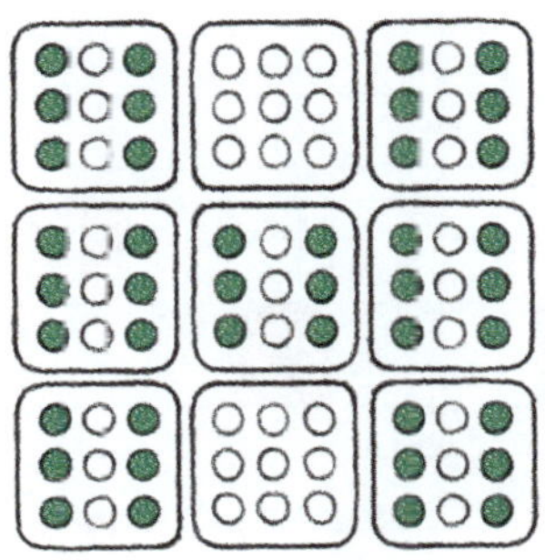

___ · ___ = ___

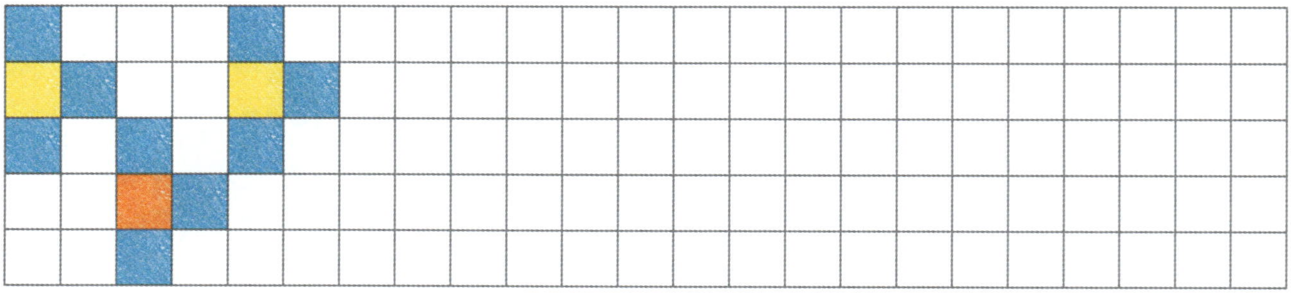

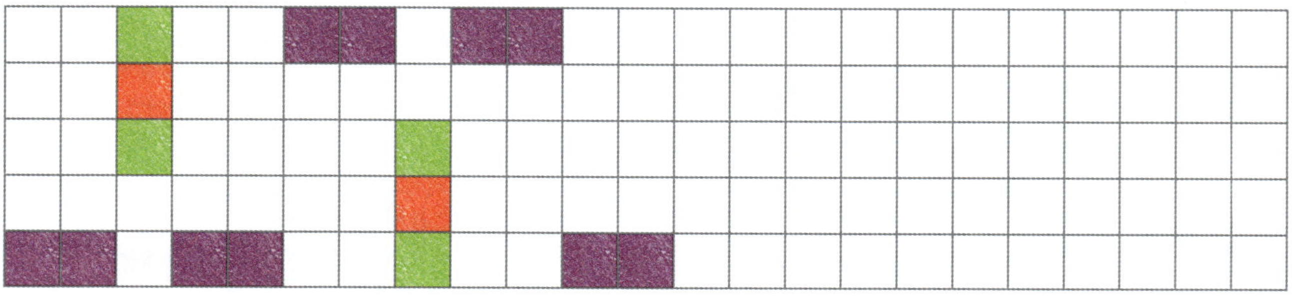

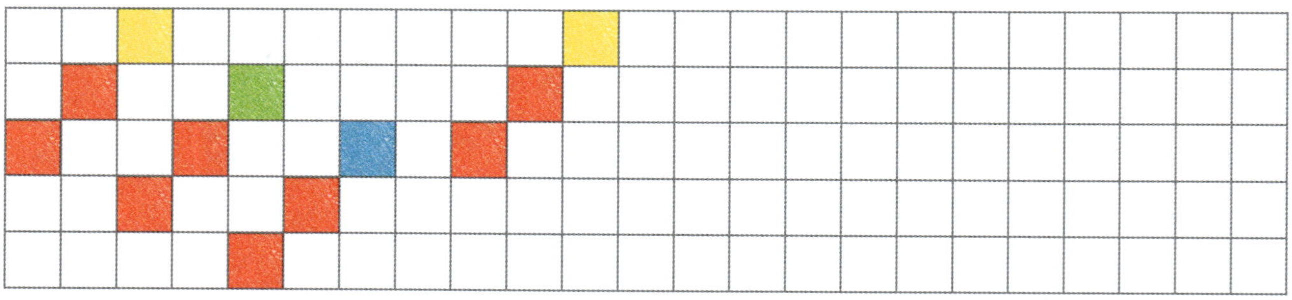

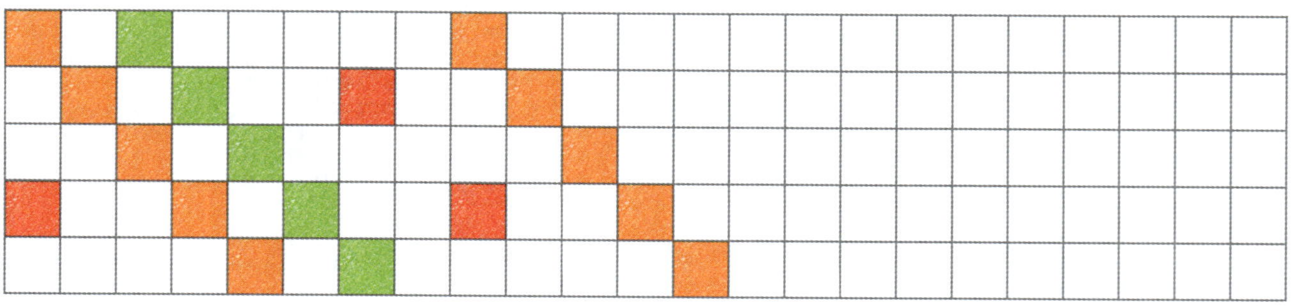

vorher	Was passiert?	nachher
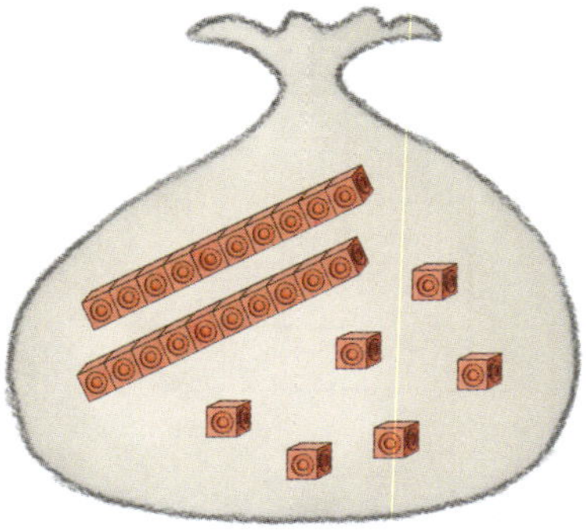		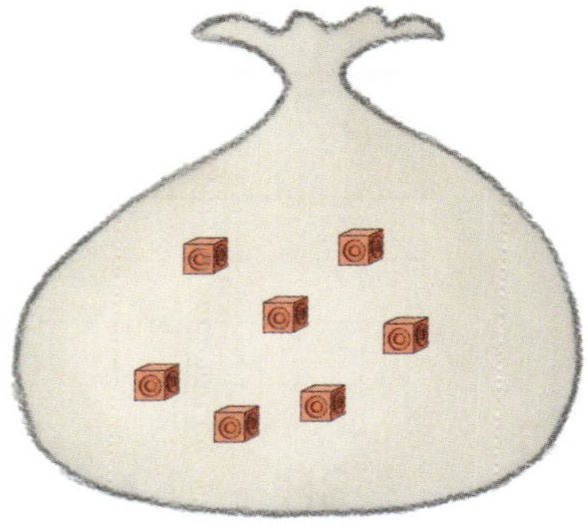
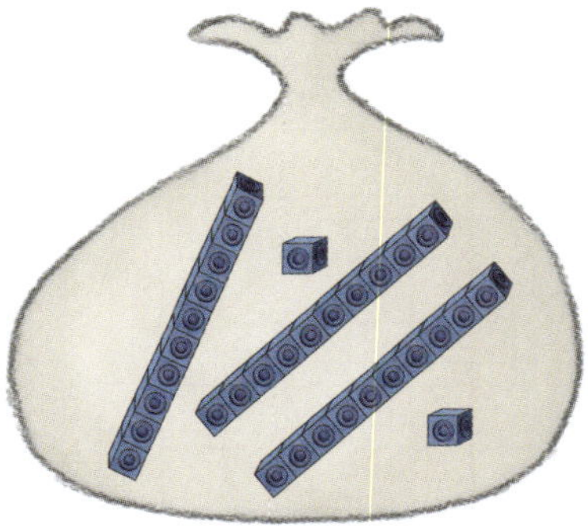	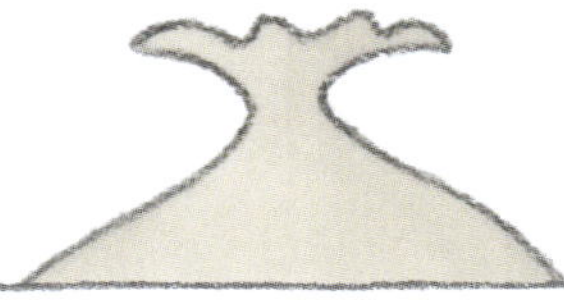	
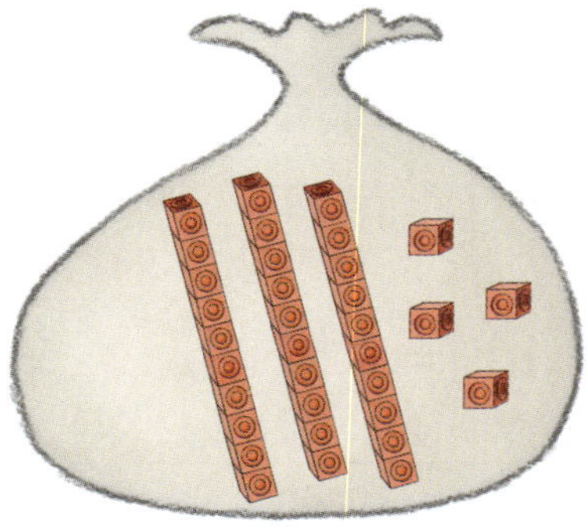		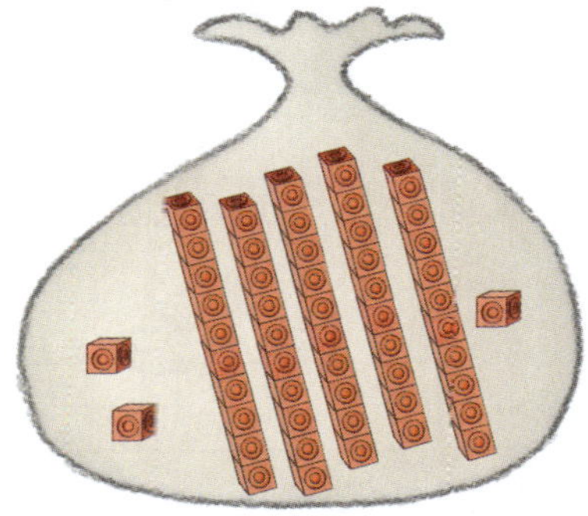
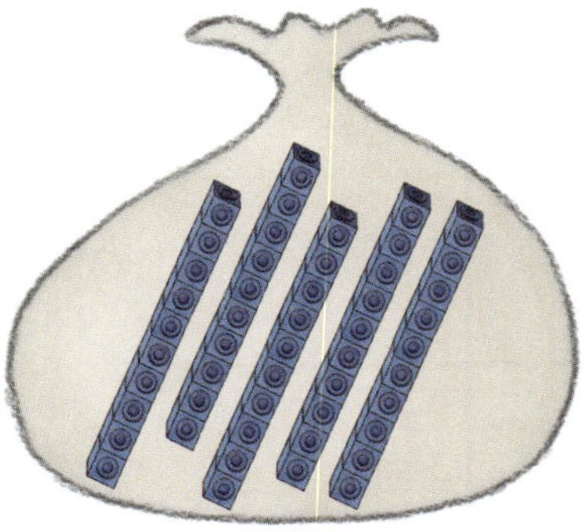		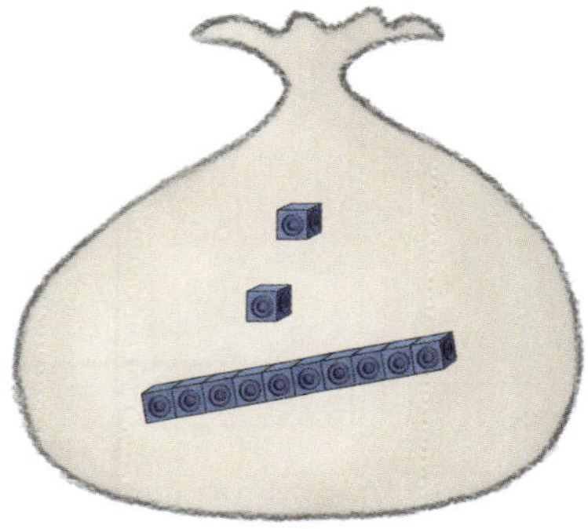

Handlung einzeichnen

Zur Überprüfung der Lösung die Handlung mit Steckwürfeln nachvollziehen

38 − 12 =

50 − 25 =

47 − 23 =

43 − 11 =

54 − 13 =

76 − 22 =

Aufgaben mit Material (Beilage 1 und 2) legen, einzeichnen und lösen

1, 2, 3

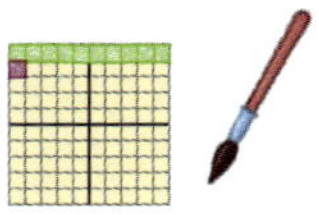

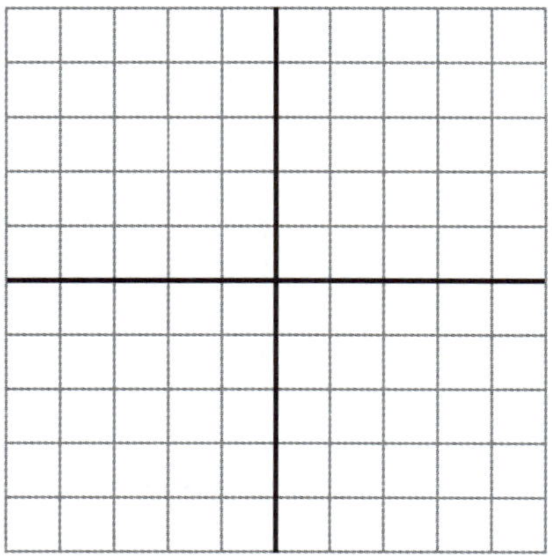

35 − 17 =

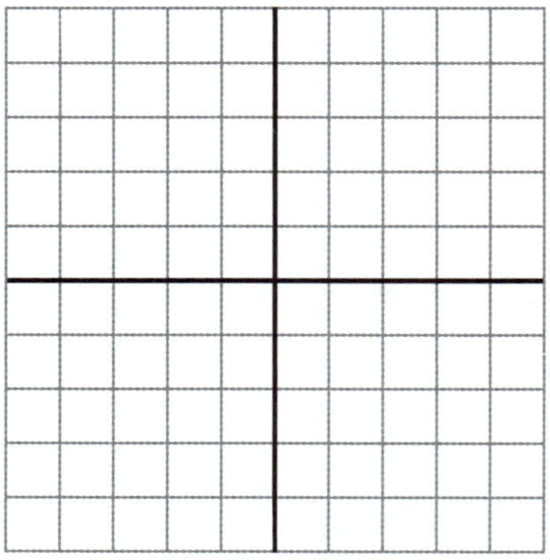

56 − 19 =

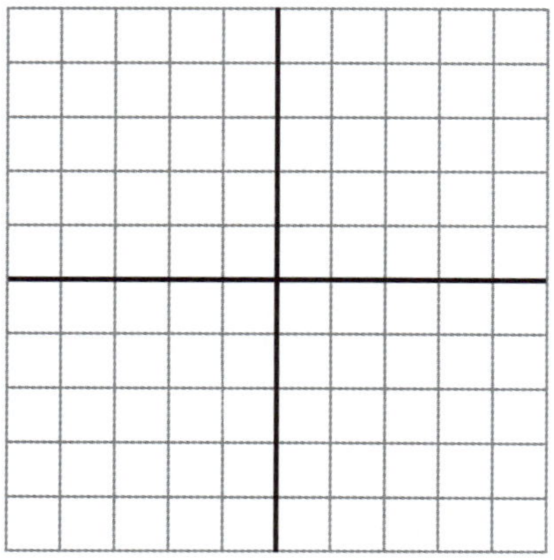

53 − 27 =

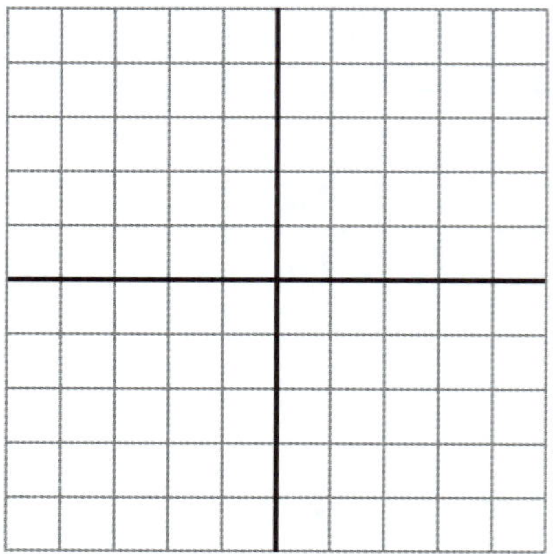

81 − 21 =

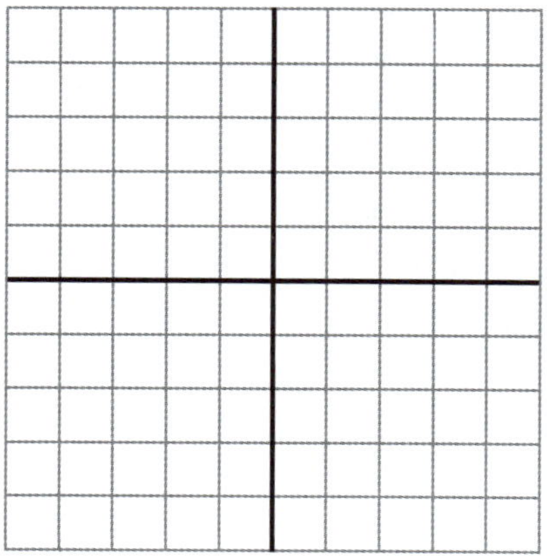

63 − 17 =

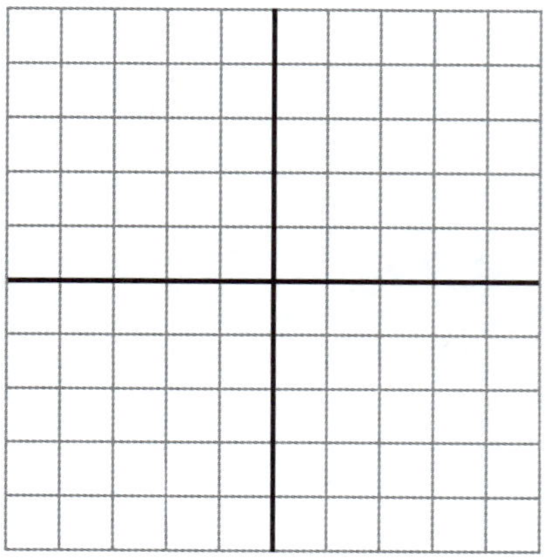

82 − 27 =

Aufgaben mit Material (Beilage 1 und 2) legen, einzeichnen und lösen

32

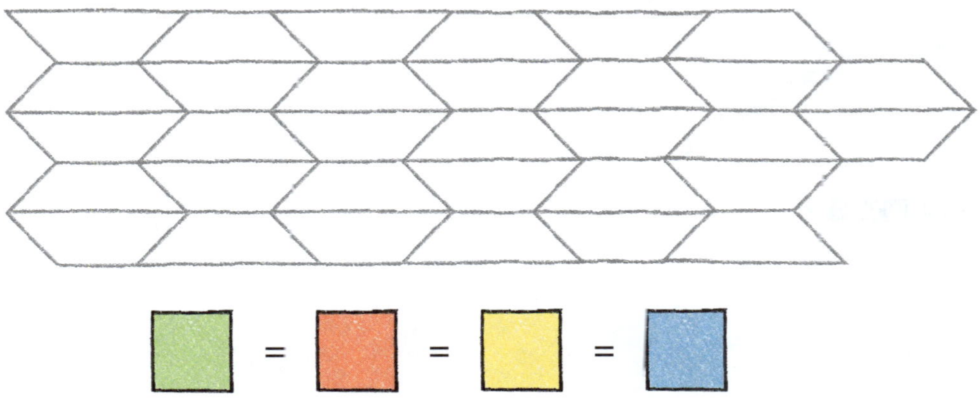

45

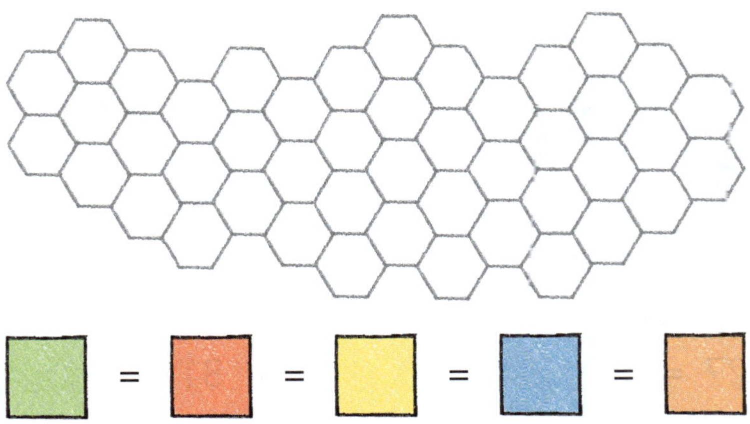

56

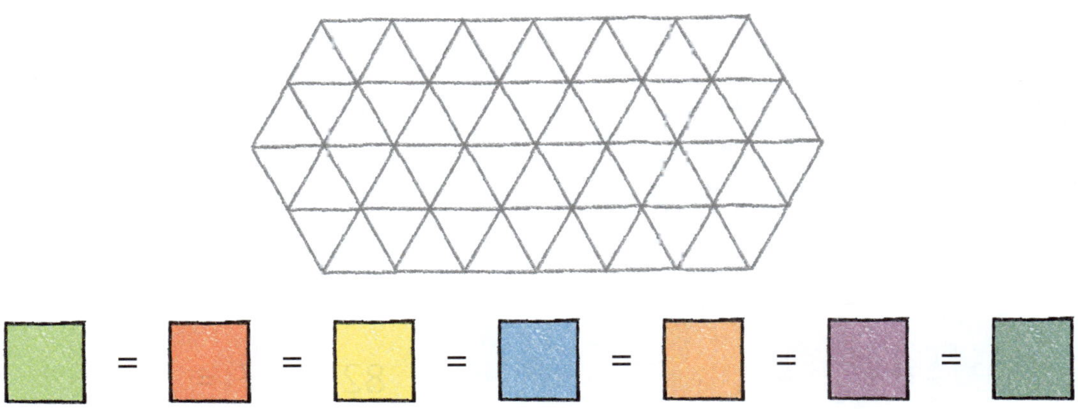

1, 2, 3

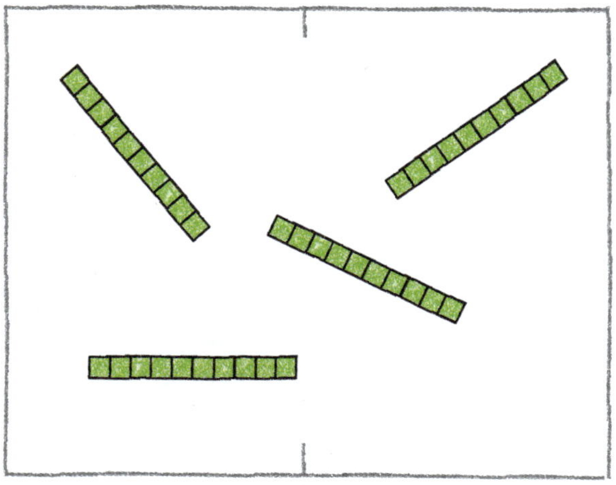

=

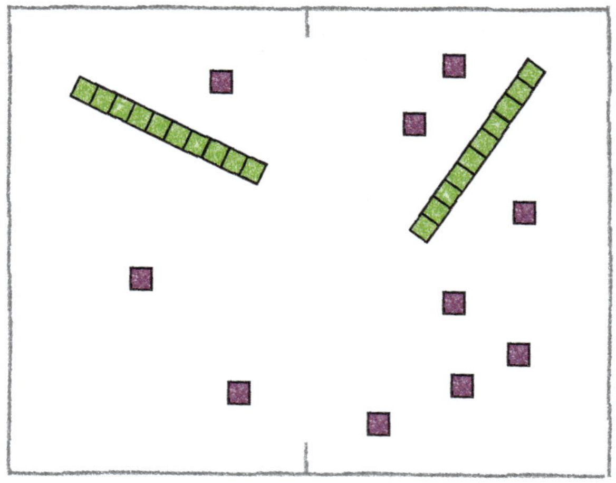

=

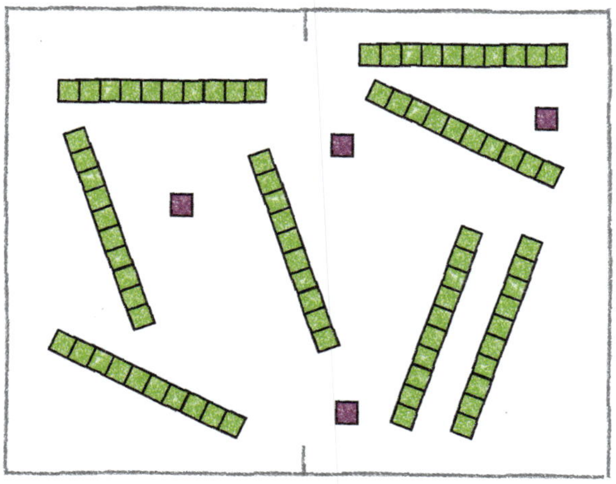

=

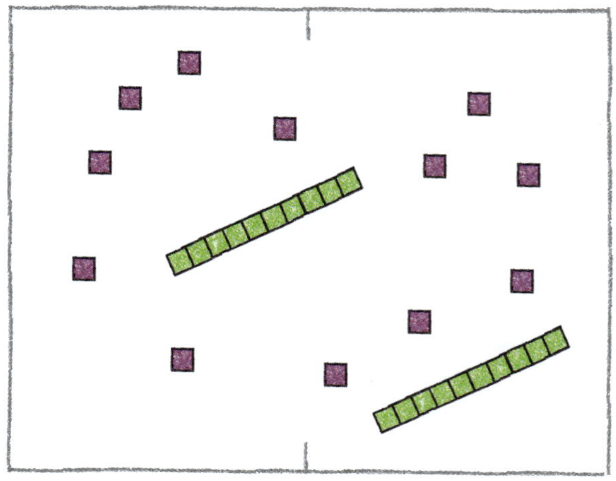

=

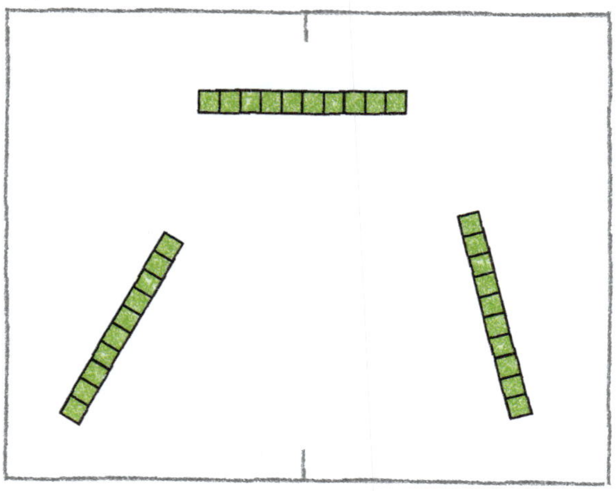

=

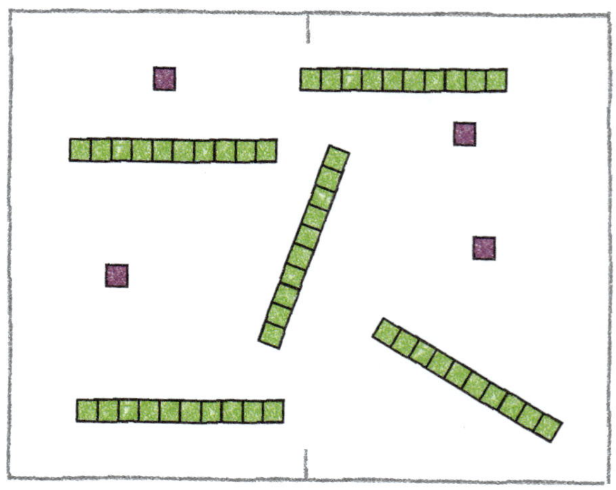

=

Feld mit einer Linie so teilen, dass die Anzahl rechts und links gleich ist und Lösung eintragen